चंद्रकांत देवताले की कविता : कविता स्वभाव

(आलोचना)

वाणी प्रकाशन

नयी दिल्ली-110002

चंद्रकांत देवताले की कविता
कविता-स्वभाव

चंद्रकांत बांदिवडेकर

ISBN 81-7055-373-3

वाणी प्रकाशन
21-ए, दरियागंज, नयी दिल्ली-110002
द्वारा प्रकाशित

प्रथम संस्करण 1995

मूल्य : 60.00 रुपये

बुकमैन, दिल्ली-92 द्वारा कम्पोज

मेहरा ऑफसेट प्रेस, नयी दिल्ली-2
द्वारा मुद्रित

Chandrakant Devtale Ki Kavita :
Kavita Swabhav
Chandrakant Bandiwadekar

आदरणीय गुरु और

वरिष्ठ मित्र

विन्दा करंदीकर के लिए

अनुक्रम

मनोगत

चंद्रकांत देवताले की प्रकाशित कविता पर यह कुछ समीक्षात्मक विचार प्रस्तुत हैं। असल में देवताले की कितनी ही कविताएँ अभी पुस्तकाकार होने को हैं। फिर भी जितना कुछ प्रकाशित हुआ है उसके आधार पर मुझे वर्षों से लग रहा था कि उनकी कविता पर जम कर विचार होना जरूरी है। कविताएँ पढ़ते समय मेरे सामने कवि का लौकिक व्यक्तित्व सामान्यतः उपस्थित नहीं रहता और उसमें मेरी रुचि भी नहीं रहती। कविता के माध्यम से कवि-व्यक्तित्व का जो स्वरूप हृदय के सामने आकारित होता है वही मेरे लिए महत्वपूर्ण है। इसलिए मैं एक ही समय अज्ञेय, मुक्तिबोध, धूमिल, रघुवीर सहाय, धर्मवीर भारती, नरेश मेहता इत्यादि विभिन्न कवि-स्वभाव के कवियों की अच्छी कविता का आस्वादन कर सकता हूँ और मुझे उसमें दृष्टिहीनता नहीं, दृष्टि-सम्पन्नता का ही बोध होता है।

चंद्रकांत देवताले की कविता पर लिखना शुरू किया तो उसके पहले दो बार ही हमारी मुलाकात हुई थी। एक बार बंबई में डॉ. राममूर्ति त्रिपाठी से चर्चगेट रेलवे गेस्ट हाउस में मिलने गया था। समय इतना ही था कि पाँच दस मिनट गप्पें कर हम सत्कार होटल में चाय पी सके थे। लेकिन उनकी मूर्ति मेरे सामने इतनी ही स्मृति-जीवित रही कि दूसरी बार दिल्ली में साहित्य अकादमी के सेमिनार में अकेले खड़े मिले तो मैंने पूछा, ''आप चंद्रकांत देवताले हैं न?'' संभवतः उनकी मूँछों ने स्मृति को सही दिशा में प्रेरित किया था। सेमिनार के बाद उन्होंने मेरे परचे की सराहना करते हुए अभिनंदन किया था। लेकिन उसके बाद उनसे तीसरी मुलाकात तब हुई जब टैगोर तुलनात्मक अध्यापन के एक सेमिनार में उनको डॉ. भालचंद्र नेमाडे ने आमंत्रित किया था। इस बीच उनकी कविता पर दीर्घ आलेख का पहला ड्राफ्ट तैयार हो गया था। वह उनके पास मैंने भेजा भी था। उनके सुझाव या संशोधन के लिए नहीं, यह जानने के लिए कि कहीं आकलन में मैंने उन पर अन्याय तो नहीं

किया है। मैंने कुछ और भी सवाल पूछे थे। एक यह था कि किसी महत्वपूर्ण कविता को अनदेखा किया गया है। कहीं उनकी कविता को डिस्टॉर्ट करके तो नहीं देखा गया है। सौभाग्य से उनकी प्रतिक्रिया त्वरित आयी और उन्होंने संतोष व्यक्त किया। असल में यह सब मेरे स्वभाव के विपरीत था। लेकिन इधर लगने लगा है कि कवि से संपर्क असहज न हो तो कम से कम अन्याय न करने की दृष्टि से पत्राचार हो तो बुरा नहीं है। हाँ, कविता के आस्वादन और मूल्यांकन में उससे प्रभावित यथासंभव नहीं हुआ जाय। कहने का मतलब यही है कि कविताओं के संबंध में जो भी कुछ लिखा गया है उसमें देवताले न आरंभ में थे, न पुस्तकाकार होने की स्थिति में भी।

मुझे लग रहा है कि इधर बीस वर्षों में जो कवि लिख रहे हैं और उनकी कविता के बारे में जो लिखा जा रहा है, उस संदर्भ में चंद्रकांत देवताले को ढंग से समझा नहीं गया है। उनकी प्रशंसा होती है, पुरस्कार भी मिले हैं, लेकिन कविता का मर्म उद्घाटित करनेवाली समीक्षा नहीं लिखी गयी है। हो सकता है उनका विशिष्ट विचारधारा से प्रभावित होना कविता के आस्वादन एवं मूल्यांकन में बाधक बन गया हो, हो सकता है उनका महानगर के प्रसार-माध्यमों से दूर रहना भी कुछ आड़े आया हो लेकिन मेरी यह निस्संदिग्ध मान्यता है कि देवताले धूमिल के बाद एक शीर्षस्थ कवि हैं और कविता के रूपबंध पर उनकी पकड़ धूमिल से अधिक गहरी है। मुझे उनकी कविता की शक्ति, सौंदर्य और मूल्य-विषयक तीव्र भान ने बहुत प्रभावित किया है और प्रस्तुत लेखन की प्रेरणा यही है। यह अलग से कहने की जरूरत नहीं है कि विचारधारा से ऊपर रहकर कविता का आस्वादन करने की क्षमता से मैं वंचित नहीं हूँ।

प्रस्तुत समीक्षा की किताब वाणी प्रकाशन से प्रकाशित हो रही है। इसके लिए मैं अरुण माहेश्वरी का आभारी हूँ।

–चंद्रकांत बांदिवडेकर

अध्याय-1

कविता में काव्यशास्त्र

चंद्रकांत देवताले साठोत्तरी कविता के एक महत्वपूर्ण हस्ताक्षर हैं जिनकी सही पहचान के अभाव में या पहचान की धुँधली अवस्था में साठोत्तरी कविता की सही ताकत का बोध असंभव है।

"पहचान" तीन/2 में 25 कविताओं का संग्रह "हड्डियों में छिपा ज्वर" शीर्षक से 1957 में प्रकाशित हुआ। चंद्रकांत देवताले की संभावनापूर्ण कवित्व शक्ति, कविता और संसार के संबंध में उनकी अवधारणाएँ, उनकी पक्षधरता का स्वरूप तथा कवि-व्यक्तित्व के महत्वपूर्ण आयामों की दृष्टि से ये संग्रहीत कविताएँ देवताले का कवि-व्यक्तित्व पर्याप्त मात्रा में प्रस्तुत करती हैं। बहुत कम कवि अपनी आरंभिक सशक्त कविताओं के साथ पाठकों के सामने इस तरह शक्तिशाली रूप में प्रस्तुत होते हैं। इसमें से अधिकांश कविताएँ बाद के संग्रह में प्रकाशित हुईं।

देवताले के लिए कविता एक महत्वपूर्ण सार्थकता प्रदान करनेवाला साधन है और कविता के प्रति समर्पण में देवताले ने अपने को पूर्णतः झोंक भी दिया है। परंतु जीवन में कविता से अधिक अहमियत वे जीवन की स्थिति, गति और उसकी ऊर्ध्वगामी प्रवृत्ति को देते हैं। कविता को इसी जीवन की समग्र पहचान, अन्वेषण, टोह का ही साधन नहीं मानते, उससे बढ़कर जीवन बदलाव का एक कारगर हथियार भी मानते हैं। बहुत बार उसकी अपर्याप्तता का तीखा बोध उन्हें हताशा के स्वरों में डुबोता रहता है। पहले संग्रह में देवताले की कुछ दृढ़ अवधारणाएँ, आस्थाएँ और निष्ठाएँ प्रकट होती हैं और वे अंत तक उनकी कविता का स्रोत, प्रेरक और उद्दीपक भाव-पुंज भी बन जाती हैं। देवताले

उपेक्षितों, शोषितों, पीड़ितों के पक्षधर हैं और उनकी काव्यात्मक भाव प्रेरित प्रतिक्रियाओं का उत्स यह विशाल वर्ग है जिसमें अपंग हैं, दलित हैं, दरिद्र जन हैं, स्त्रियाँ हैं और बच्चे भी हैं। श्रमिकों के साथ मध्यवर्गीय जीवन की यातना भी देवताले की कविता का केन्द्रीय संवेदन है। वैसे देवताले वर्गीय नजरिए से देखते अवश्य हैं परंतु उनकी दृष्टि मूलतः मनुष्य की वास्तविकता से विद्ध होकर तीखी और जुझारू बनी हुई है। सौभाग्य की बात यह है कि देवताले वर्गीय, जातीय, लिंगीय और आर्थिक भेद को भी पार कर मनुष्य की यातना, उसकी जिजीविषा और उसकी त्रासदी को देखते हैं। इसीलिए उनकी कविता में कटुता और हिंस्रता के मूल में भी मानवीय अपनापा, प्रेम और करुणा का स्रोत गंभीर रूप से बहता रहता है जो पाठक के मर्म को स्पर्श करता है। आज की तारीख में लिखी जाने वाली कविता स्वभाव से विद्रोही है और चूँकि विद्रोह भी लीक बन गया है, कवि की महानता का यह मापदंड अब नहीं रहा परंतु देवताले की कविता के विद्रोह के मूल में कवि-दृष्टि का जो पैनापन है, विस्तार और विविधता को नापने की क्षमता है, भाषिक समृद्धि और वैभव है, उसके कारण यह विद्रोह कवित्व को अद्वितीयता के आयाम से संपृक्त करता है। यही बात देवताले के व्यंग्य के बारे में कही जा सकती है। यह व्यंग्य काव्य-भाषा कवि की ताजगी और मौलिकता से वजनी बनता है तो उसमें अंतर्निहित सकारात्मक मूल्य-दृष्टि और दायित्व से उसे संतुलित भी करता है। परिवेश के हालात को देवताले केवल तफसील के चित्रमय प्रस्तुतीकरण के रूप में प्रयुक्त करने में संतोष नहीं करते। उसे वे संवेदन की आर्द्रता में पकड़ते भी हैं और संवेदन का ताप बरकरार रखकर शिल्पायित भी करते हैं।

देवताले की कविता में कविता का तनाव :

देवताले आरंभ से लगातार कविता में कविता के बारे में सोचते रहे हैं। असल में हिंदी कविता का एक समृद्ध पक्ष यह है कि कवि कविता के संबंध में सोचते रहे हैं। असल में इसमें एक विशेष बात है। देवताले के कविता के बारे में सोचने के मूल में एक स्तर पर निश्चयात्मकता का इज़हार है तो दूसरे स्तर पर कविता की शक्ति, उद्देश्य और आत्म-तत्व के प्रति कुछ गहरे स्तर पर संदेहशीलता भी है। कविता की सोच इस मानसिक फाँक का परिणाम है।

इसे अधिक स्पष्ट करना जरूरी है। साठोत्तरी कविता में शायद ही कोई कवि हो जो कविता को केवल सौंदर्य-मूल्य तक सीमित रखना चाहता हो। कविता उसके लिए एक औजार है—जनता के दुःख-दर्द के लिए कारण बनी विषम व्यवस्था को उखाड़ फेंकने के लिए एक औज़ार। लेकिन अनेक बार इस औज़ार की अपर्याप्तता का तीखा बोध भी कवि को तिलमिलाने वाला दंश करता है। केवल शब्दों के सहारे एक भयानक लड़ाई लड़ने की एकांगी मानसिकता, सोचनेवाले कवि को अपने औज़ार की अपर्याप्तता का भान करा ही देती है। शब्दों का मौखिक प्रभाव लिखित रूप में वैसे भी सीमित हो गया है और आधुनिक कवि की अपनी वैयक्तिकता को पृथकात्म और अप्रतिम रखने की आकांक्षा ने उसे अत्यधिक सीमित कर दिया है। एक ओर जनजीवन की पकड़ का अहसास और उसके लिए सामान्यों की ज़िंदगी से जुड़ने एवं उनके छोटे-छोटे सुख-दुखों का शब्दांकन करने की आकांक्षा और दूसरी ओर अपने कवि-व्यक्तित्व की अलग पहचान की आंतरिक तीव्र अभिलाषा के बीच इधर की कविता एक गहरे में द्विधा का अवांछित-सा, सालता-सा बोध लिये हुए जी रही है। एक ओर समाज की व्यथा की कथा बताने की इच्छा और दूसरी ओर अपने कवि-व्यक्तित्व की अप्रतिमता को सुरक्षित करने के लिए वक्रोक्ति, न्यूनोक्ति, कसाव, अल्पाक्षरत्व, अनछुई बिंब-निर्मिति तथा नूतन प्रतीक-योजना का कुछ अतिरेकपूर्ण प्रयास—इनके बीच कवि लड़खड़ाता भी दिखता है। असल में कवियों के मन में झांका जाये तो यह पता चलता है कि एक ओर सामाजिकता को बनाये रखने के सम्मोहन और दूसरी ओर अपनी विशिष्टता को भी सुरक्षित रखने के लिए रूपवाद के सम्मोहन के बीच कविता आंदोलित, उद्वेलित और आहत भी होती जाती है। एक ओर निरक्षर जनता और दूसरी ओर उससे अक्षर के माध्यम से जुड़ने और उसका उद्धार करने की आकांक्षा के बीच की दरार कविता को भी छिन्न-भिन्न करती है। कुछ इने-गिने कवि इस द्विधा में अपनी शक्ति और पहचान को बनाये रख सके हैं। देवताले इन इने-गिने कवियों में से एक हैं—एक और शीर्षस्थ। देवताले के सामने एक बात स्पष्ट है—कविता महत्वपूर्ण है जिसके लिए उन्होंने पूरी ज़िंदगी झोंक दी है परंतु कविता से कहीं ज्यादा अहमियत है उन मानवीय सरोकारों की जिनके साथ जुड़ने में उनकी कविता अपने को सार्थक समझती है। "हड्डियों में छिपा ज्वर" की पहली कविता

"बरखास्तगी से पहले" में ही वह मानसिकता उद्घोषित होती है। कुछ-कुछ नकली चेहरा लिये बुद्धिजीवियों को ताने देता हुआ (यह कवि स्वयं अपनी नकाब को उतारने के प्रयास में है।) कवि सावधान करता है :

"और उसके रक्त स्नात चेहरे को देखकर
ये लोग सचमुच
आगे बढ़ेंगे
बीहड़ में
अस्थि-पंजर के निकट
जो सिर्फ कविता के लिए नहीं
उस जख्म के लिए परेशान हैं
जिस पर तेज़ाब होगी
किसी भी नाम पर की गई
तुम्हारी बरखास्तगी··· ।"

पहले ही संग्रह की अनेक कविताओं में देवताले कविता को लेकर अपने मन्तव्य को प्रस्तुत करते हैं। ("पुलिस के बारे में," "खिलाफत के विरुद्ध") जिस तरह राजनीतिक माहौल विभिन्न विशिष्टीकृत इलाकों से गड्डमड्ड हो गया है उसी तरह कविता का भी अब विशुद्ध क्षेत्र नहीं रहा। कविता अगर कवि-व्यक्तित्व का सर्वाधिक प्रामाणिक प्रारूप है तो यथार्थ की अनेक स्तरीय अनुभूति से विद्ध और संपन्न कवि-व्यक्तित्व कविता लिखते समय सांस्कृतिक कार्यकर्ता भी रहेगा, राजनीति जिसका एक भाग है। चंद्रकांत देवताले तो इतने सक्रिय सांस्कृतिक कार्यकर्ता हैं कि कविता को एक "एक्शन" मानते हुए भी कवि होने का उनमें कहीं अपराध-बोध है। यह अपराध-बोध बार-बार उभरता है। आज का कवि मध्यवर्गीय होने में अपराध बोध का अनुभव करता है और कवि मुख्य रूप से कवि होने में भी। "बरखास्तगी के पहले" एक खौफनाक हालात को विलक्षण संकेतपूर्ण ढंग से संप्रेषित करनेवाली कविता है। नक्सलवादी का एक भावात्मक बिंब उभार कर सत्ता के झंडाबरदारों की उपेक्षा, अवहेलना और छद्म बहसखोरी और क्रांतिकारी शहादत के बीच के तनाव को उभारते हुए देवताले ने तीखी चेतावनी दी है। आरंभिक कविता की बुनावट

में कठिनता है परंतु एक पंक्ति (जो सिर्फ कविता के लिए नहीं) कवि की उपरोक्त अपराध-भावना को व्यक्त करती है। ऊपर से लगता है कविता पर सक्रिय एक्शन को तरज़ीह देकर अनुभव में एक नया आयाम जोड़ा है परंतु कवि की अपनी दुर्बलता एक्टिविस्ट होने के स्थान पर मात्र कवि होने की अपराध-भावना व्यक्त होती है। ''पुलिस के बारे में'' कविता के संबंध में भी यही कहा जा सकता है। कुछ जरूरत से ज्यादा मित कथन करने की और जरूरत से ज्यादा वक्रतापूर्ण ढंग से बात करने की देवताले की प्रवृत्ति यहाँ आशय को कुछ कमजोर ही करती है। एक नाट्यात्मक प्रसंग खड़ा करते हुए अनावश्यक रहस्यमयता का धुँधलापन कविता को कुछ कमजोर बना देता है और आरंभिक विलक्षण प्रभावकारी भाव-बिंब का संदर्भ शिथिल हो जाता है। ये पंक्तियां–

''दुबारा यदि आएगा तो पुलिस के नहीं
उनके बच्चों के बारे में बताऊँगा
जिनकी आँखों के उजाले जैसा जरा भी नहीं है
एक साबुत स्लेट और सफेद कमीज़ के इंतज़ार में
जो बरसों से वंदेमातरम् के विरुद्ध कुछ गा रहे हैं… ।''

इन न्यूनताओं के बावजूद स्तरीय ध्वन्यात्मकता का समावेश इस चित्र को बहुत ऊँचा दर्जा देता है।

''खिलाफत के विरुद्ध'' में कवि कविता के उद्‌देश्य को लेकर बार-बार मन्तव्य दे रहा है। कविता को कार्य में तब्दील करना चाहता है। कवि घोषित करता है–

''खासकर ऐसे समय में
जब कविता सीढ़ी नहीं है
और हमें आदमी से दूर
कहीं नहीं जाना है… ।''

पूरे राजनीतिक-सांस्कृतिक और बुद्धिजीवी वर्ग की असलियत पर मार्मिक उंगली रखनेवाली इस कविता में कवि संकल्प जाहिर करता है–

"मैं खँखारने लग जाऊँगा
और उनसे कुछ कहने से पहले
लीद बटोरने वाली लड़की की दहशत
जो शाम को सड़क पर
आदमी का थक्का बलगम देखकर डर गई थी
उनकी जेबों में ठूँस
बायीं ओर मुड़ जाऊँगा··· ।"

बायीं ओर मुड़ने का कवि का संकल्प सत्ताधारी वर्ग और उनके पिछलगुओं की दगाबाज़ हरकतों के परिणामस्वरूप है। व्यंग्य और वक्रता से भरपूर इस कविता में व्यंग्य और वक्रोक्ति से लैस परिवेश बिंब का संकेतात्मक चित्र कविता की मूल्यवत्ता को बढ़ाता है।

कविता के उद्देश्य, कवि के इरादे और प्रत्यक्ष जड़ीभूत जीवन में कविता के अधूरेपन के दुखद अहसास के बीच एक विलक्षण तनाव "बहरेपन के अभिनय में" कविता में प्रकट हुआ है। जैसा कि देवताले की कविता का आम स्वभाव है, प्रस्तुत कविता के तनाव के रेशे-रेशे आपस में गुँथकर भयावह स्थितियों का बोध कराते हैं। कविता अंधेरे में उतरते हुए खामोशी में पिन करने की निरंतर कोशिश है जो निरंतर नाकाम देखी जाती है। समाज का विवेक, सामाजिक कार्यकर्ता एवं कलाप्रेमी–सबकी नाकामी का संकेत करते हुए देवताले कवि की बहिरों के बीच की व्यर्थ चीख-चिल्लाहट का उल्लेख करते हैं–"इस खामोशी पर जिनका कोई वश नहीं है"–कविता को एक तरफ व्यापक आयाम भी देते हैं यह कहकर कि "बहिरों का अभिनय करते-करते वे सब वाचाल हो गये हैं।"– कवि भी इस प्रक्रिया से तथा इस नाटक से अलग नहीं हो पा रहा है। कविता से जो काम देवताले लेना चाहते हैं और जो उनसे नहीं हो पा रहा है, इसके बीच की यह स्थिति कवियों को मात्र वाचाल सिद्ध कर रही है–क्या यह एक बहुत बड़ी स्वीकृति नहीं है? यह बड़बोलेपन पर आघात नहीं है? एक मुर्दगी छायी हुई है सारे वातावरण में। संवेदनशील कवि के मस्तिष्क के जख्म तक पहुँच गया है विरोध और निषेध। नेक विचारों के बावजूद मसौदा खौफनाक कार्रवाई सिद्ध होता है। मध्यवर्ग की बुद्धिजीवी

जमात जड़ीभूत हो गयी है। कविता की पिन उस अँधेरे को नहीं समाप्त कर सकती।

"मकड़ी के जाले में" कविता कवि की स्थिति का अधिक तीव्रता से भान कराती है। आज की स्थिति से कवि की अस्मिता ही नदारद हो गयी है। अतीत के घावों में कैद कवि का भविष्य किसी और की मर्जी के नाम रेहन रखा हुआ है। समय पर कवि का अधिकार नहीं है। ऐसी स्थिति में उसकी हरकतें अपने होने के खिलाफ दखलंदाजी है। स्थितियों की चौतरफा भयावहता स्पष्ट है। कवि के उद्देश्य तथा उसकी क्षमता को लेकर देवताले के मन में एक द्वंद्व है जो ऊपर से निश्चयवाचक शब्दों में परंतु भीतर से गहरे संदेह के धरातल पर प्रकट होता है। जो काम प्रत्यक्ष जीवन में फलित होते देखना देवताले चाहते हैं उसमें कविता के योगदान को लेकर संदेह है। वे न सौंदर्य को पूर्णतः स्वीकृत कर पाते हैं, न उसको छोड़ते बनता है। देवताले के जन-जीवन से जुड़ने की आंतरिक प्रामाणिक आकांक्षा और उनकी कविता में रूप के प्रति विलक्षण आग्रह, यह उसी द्वंद्व को रेखांकित करता है। कभी इसी द्वंद्व को जब वे झेल नहीं पाते तो वक्तव्य पर उतर आते हैं–

"सचमुच साहस के घोड़े
इतने बेकाबू थे
कि मैं सिर्फ
गड्ढे में था···
और कविताओं के चिंदे
घोड़ों की पीठ पर उड़ रहे थे
घास जहाँ कहीं उगी थी
वहाँ बंद थीं मेरी आँखें।"

कविता के प्रति अपने सरोकार को देवताले प्रायः नहीं भूल पाते और अनेक कविताओं में अपनी असमर्थता की कचोट से कराह उठते हैं। एक ताकतवर क्रूर व्यवस्था और नकली संस्कृति के साथ जूझने में असमर्थ कवि चीख उठता है–

"और संस्कृति की नौटंकी देखकर
आने के बाद थकने की तरह

मेरा सब कुछ एक चकनाचूर नींद
पर काँच के टुकड़ों की तरह बिछा था
अब तरतीब के इंतजार में
बंद आँखों से बटोरते हुए
लहूलुहान हाथों को
मैं हर कहीं छाप देने की कोशिश में पड़ा था
अँधेरी रात में काले पहाड़ों के भीतर
कोई कैसे खोद सकता है वह सुरंग
जो रोशनी से शुरू होकर रोशनी में खत्म होती हो
तरतीब के नाम पर।"

इस अवस्था में कवि कर ही क्या सकता है?

"दीगर आँखों में खून के कतरों का
मौसम सुलगाने के लिए
लहूलुहान पंजा
छापता हूँ—दीवालों पर
कविताओं में
उस बंद कपाट पर जिसके भीतर कैद पड़ी है
उन्नत वर्षोंवाली ऋतु।"

कविता "एक्स-रे" है और "फ्रेक्चर" भी बनाती है, परंतु उसे ठीक करना उसके बस का नहीं। देवताले इसी पक्ष को लेकर बेहद दुखी हैं। कविता के प्रति लगातार सोच में देवताले लगभग एक कविता का काव्यशास्त्र प्रस्तुत करते हैं।

दूसरे "दीवारों पर खून से" संग्रह में कविता के प्रति अधिक विस्तार से देवताले सोचते हैं।

एक कवि का रचना-प्रक्रिया के बारे में यह सोच अधिक समुचित जान पड़ता है क्योंकि वह काव्यानुभव के अधिक निकट होता है। "रचना-प्रक्रिया के पूर्व" कविता में कविमानस की उस मानसिकता का बिंबांकन करते हैं जो अनुभव को व्यक्त करने के पहले एक कवि अनुभव करता है। यह एक विलक्षण

प्रतीतिकर कविता है। एक कवि अकेला होता है इस अवस्था में और कुहरे में काव्योद्भव के क्षण और बेचैनी महसूस करता है। बार-बार यह भी अनुभव होता है—

"सिर्फ वही जगह छूटती है
जहां कुछ हो सकता हूँ।"

कवि के मन में पूर्वनिर्धारित विचार है जिसे व्यक्त करने के लिए उसका मन निःशंक, स्पष्ट और ठोस है (ठस भी)। निश्चय ही जीवन विषयक कुछ मूल्यों और निष्ठाओं के प्रति समर्पित रहते हुए भी काव्यानुभव की आदिम अवस्था, धुंधली, बेसब्री की, पीड़ादायी और अर्थवती होने को उत्सुक प्रसूति पीड़ा से व्याकुल ही रहती है क्योंकि काव्यानुभव के माध्यम से न कवि को किसी पूर्वनिर्धारित दर्शन को बघारना है, न किसी तरह का उपदेश देना है। उसे तो अपने अस्तित्व की सार्थकता के क्षण को जीना है। यह कवि किसी समय किसी विशिष्ट पक्ष का होकर नहीं रहेगा—सदैव विपक्ष की तरफ ही रहेगा क्योंकि उसका अपना कोई पक्ष नहीं होगा। वह कवि की सही स्वायत्तता को ही जीएगा। दूसरी कविता "रचना-प्रक्रिया" है—कुछ अगली भूमिका, कुछ-कुछ अर्धवती हरकत की फिर भी पूरे संतोष से कोसों दूर—

"हाथों में होते हैं अर्थ
पारे की तरह
और ठीक रेत की मानिंद
मैं रोपना चाहता हूँ
पारे को रेत में
और फिर रेत को
अपने ही भीतर... ।"

काव्यानुभव एक निगूढ़ अवस्था है जिसमें शब्द और अर्थ के बीच का संघर्ष कवि झेलते-झेलते लहूलुहान हो जाता है। यहाँ किसी भी अपेक्षा को कवि के कृतित्व पर लादना कितना क्रूर लगता है। कवि एक ओर सबके साथ जुड़ता है—

"वैसे फेंकता हूँ अपने को शहरों के बीच
सड़कों पर
लोगों के भीतर।" ("रचना प्रक्रिया के पूर्व")

परंतु दूसरी ओर कवि की नियति है कि "कविता-स्थिति की प्रतीक्षा" में वह अकेला और उदासीन, प्रतीक्षातुर हुए औरों से निस्संग होकर बैठने के लिए बाध्य है–

"सिर्फ एक रचना की प्रतीक्षा में
एक दर्पण समूचा आकाश प्रतिबिंबित झौंक जाने के लिए
एक अपने, सिर्फ अपने गहरे आत्मीय क्षण में
पवित्र सूर्योदय जी जाने के लिए
मैं एक उदास पार्क की बेंच-सा पड़ा हूँ
जिस पर कई लोग बैठ गये
पर सचमुच एक कोई कभी नहीं बैठा··· ।"

कवि के पास कहने को कुछ है परंतु वह जिन शब्दों की मांग करता है वह बहुत कोशिश के बाद भी मिलते नहीं हैं। परंतु कवि लगातार कोशिश करता रहता है, उन शब्दों को पाने के लिए। इस बेचैनी, अकुलाहट और प्रतीक्षा का वेदनासिक्त चित्र खींचा है, "प्रतीक्षा" ("लकड़बग्घा हँस रहा है") में। कवि के कवि-व्यक्तित्व में एक अजस्र क्षमता होती है–अनुभव के या व्यक्तियों के विविध मुखौटे ओढ़ने की। "छपी हुई चीज़" ("रोशनी मैदान की तरफ") में देवताले कवि की इस क्षमता का संकेत करते हैं। कवि कहाँ होता है इस समूची प्रक्रिया में–

"मैंने कहा–मैं नहीं शामिल इस वसंत में
पर मैं था वसंत का नाम देता हुआ
मैंने सोचा–नदी नहीं है कहीं भी
सिर्फ पानी की चट्टान का बिन बहता पठार है
पर नदी भी मुझे गाती हुई
और मेरे गाने से बहती हुई
मेरा गाना खारा स्वाद था मेरे लिए
ओठों पर बर्फ की सिल के बावजूद।"

असल में अनुभव का बीज विकसित होने के पूर्व कैसे प्राप्त किया जाता है या होता है, इसके बारे में उँगली निर्देश किया जा सकता है परंतु वह अपना खाद-पानी कहाँ से पाता है और कैसे विकसित होता है, फलता-फूलता है इसको यथावत् शब्दांकित करना असंभव है। कविता की प्रक्रिया की निगूढ़ता और उसके आकार ग्रहण करने की अवस्था की विलक्षण काव्यात्मक प्रतीति कराने वाली एक उत्कृष्ट कविता है—"घोड़े का आलस्य" ("लकड़बग्घा हँस रहा है" संग्रह में। घोड़ा वैसे देवताले की कविता में काफी आता है, उनके रूपों में देवताले की कविता में आये शब्द "घोड़ा", "दरख्त", "चट्टान" उनकी काव्य-ऊर्जा की शक्ति का प्रमाण है) परंतु प्रस्तुत कविता में वह काव्यानुभव की संपूर्ण शब्दाकार अभिव्यक्ति का प्रतीक है। काव्यबीज अंतःकरण में अनजान में खिलता है, फलता है, फूलता है। परंतु यह पूर्णता को प्राप्त घोड़ा "आलस्य" में ठिठका रहता है। शब्दाकार में पूर्ण रूप प्रकट होने के पूर्व की स्थिति का चित्र है—अभिव्यक्ति का और अव्यक्त का रस्सी खेंच खेल। कवि की मानसिकता देखिए—

"अपनी विस्फारित आँखों से देखते हुए
चीजें चाकू में बदलने लगती हैं एक दिन
और कहां वहां आदमी की फुसफुसाहटों के सिवा
किसी उड़ते हुए पक्षी की परछाई भी थी
सिर्फ टापों की शिनाख्त और एक नाल बच रहती है।"

(फार्म की बारीकी काबिले गौर। घोड़े की टाप और नाल ही संपूर्ण अभिव्यक्ति की धुंधली परछाई मात्र) फिर ऐसी स्थिति में कवि की मानसिकता और काव्य-प्रयास की छटपटाहट का यह प्रभावकारी चित्र—

"दाँतों के बावजूद पाते हो तुम अपना
इतना पोपला मुँह कि शब्दों के बदले मुँह से
सिर्फ हवा की फुसफुसाहट निकलती है
और जिसे तुम बस्ती कह छोड़ आए थे पीछे बहुत
वहाँ बारिश का जंगल ठहरने लगता है
और जहाँ एक चिनगारी थी कुछ देर पहले
इसी जगह जल-प्रवाह का अटूट सिलसिला शुरू हो जाता है।"

इस चिनगारी (प्रातिम स्फूर्ति से उत्पन्न अर्थ-बिंब इ.) के स्थान पर जल का प्रवाह (काव्यधारा) शुरू होता है तब कवि को ही आश्चर्य होता है—यह सब आया कैसे? कहाँ से? कहाँ थे सारे स्मृति में पड़े टुकड़े जो नये आकार में आये कविता में?—

''फिर चकित होकर देखते हो तुम
पहुँच और पकड़ के बाहर बहते हुए तुम्हारे बचपन के जूते
खपच्ची के धनुषबाण और शब्दों की डोरियों में
दृश्य बने आप नहाए चेहरे, धुँधले जाय और
फेन के बुदबुदे की तरह दिखते-बुझते कुछ नाम।''

यह सारा कविता का कच्चा मसाला, खाद-पानी, कवि के चेतन को जैसे एक ओर खड़े-खड़े देखने को बाध्य करते हुए ''घोड़े'' में रूपायित होता है—

''सभी तुम्हारे देखने को अपने में गिरफ्तार करते हुए
वह काला घोड़ा तनी हुई स्नायुओं और सफेद चकत्तोंवाले
पुट्ठों के साथ शाही चाल से तुम्हारी ओर बढ़ता आता है
एक अदृश्य शमशीर पानी के बीचोंबीच
उनके लिए कड़क सूखा रास्ता बनाती जाती है
पर जब तक वह नहीं आ पाता है नजदीक एकदम
तुम देखते रहते हो आँखें फाड़े घोड़े का आलस्य
जैसे किसी अभी धँसी चट्टान का टुकड़ा
हवा में ठहर गया है
और तुम जानते हुए भी कि कभी सड़क बेमतलब हो सकती है
पूछो सो अपने से कि ऐसे वक्त भी घोड़े के आलस्य का
क्या कोई मतलब हो सकता है?''

देवताले रचना-प्रक्रिया की अबूझ, अतार्किक, विचारातीत स्थिति का एक विलक्षण प्रतीतिकारी चित्र प्रस्तुत करते हैं। संभवतः हिंदी में इस विषय पर लिखी कविताओं में यह एक सर्वोत्कृष्ट कविता है।

रचना-प्रक्रिया की पूर्व स्थिति का एक विलक्षण अनुभव देवताले ने ''उसके वसंत और अपने पतझर के बीच'' कविता में व्यक्त किया है। (''रोशनी के

मैदान की तरफ'')

शब्द और घटनाएँ कवि-मानस में किन स्थितियों और तनावपूर्ण अवस्था में रहते हैं, इसकी एक चित्रमय झाँकी देकर कवि अपने और काव्यानुभव की अवस्था का रिश्ता प्रकट करता है। फिर–

''पर जैसे ही मौजूदा चीजों की धार
काटने लगती है तुम्हारी त्वचा और तुम अकेलेपन के कुएँ में
गिरने लगते हो बेबात
देखकर किसी दिन बेसबब अपना चेहरा
सारे शब्द दीवारों की तरह
भिजाने लगते हैं तुम्हारे अपने रेगिस्तान को
और घटनाएं फूलों की तरह बजने लगती हैं
वक्त वह वसंत बनकर घेर लेता है तुमको।''

लेकिन यह अवस्था खंडित होती है किसी कारण से तो कविता नहीं उपजती। कवि ''वसंत के बाहर अपने पतझर में'' अपने को पाता है।

यह मानस के अंतःस्थल में संपन्न होनेवाली सृजन की प्रक्रिया तर्कों और विचारों के परे होती है। निश्चय ही किसी विशिष्ट विचारधारा का अनुगामी व्यक्तित्व इस प्रक्रिया में अपने को काव्य वसंत में बाहर ही पाएगा।

कवि देवताले अन्य व्यक्तियों से अलग कवि की यातनामय स्थिति का वर्णन करते हैं–''कवितांत के अँधेरे में''। यह स्थिति अभ्यंतर यथार्थ के अंधेरे को देखने की भी है और बाहर की सड़ियल वास्तविकता से रू-ब-रू होने की भी। यहाँ कवि अकेला होता है, मित्रों से दूर और यह रास्ता उसका दृढ़ का चुना हुआ होता है। वास्तविकता है–

''जून के गाढ़े चकत्तों के भीतर
धँस कर सड़ रही है जो जहरीली सदी उसके लिए जिम्मेदार हैं
आदमी की खाल में
गाय और भेड़िये का आधा-आधा भेजा लिये
घूमते राजनीति के झंडाबरदार
पूरा देश बूचड़खाने की तरह।''

इस नारकीय वातावरण को कविता में उतारते हैं ("मैं क्यों लटकाऊँ कविताओं के लोथड़े। मक्खियों की तरह भिनभिनाते।") इसकी अपेक्षा पोटेशियम साइनाइड खाकर मरना अच्छा है। लेकिन कवि वह आत्मघाती रास्ता नहीं अपनाता। वह अपनी नियति स्वीकार करता है–

"वह स्याह नदी पूरी सदी है... वह देखो स्याह नदी
लोहे का चेहरा बन गयी है
और वह सदी मुझे बिस्कुट की तरह चबाए जा रही है
यंत्रों के जबड़ों में दबी
रक्त निचुड़ रही हैं कविताएँ
कवितांत-कवितांत चीखते हुए भी कविताएँ उगलता पाऊँगा।"

और कवि चुपके से मरने की नियति स्वीकारता है। जब तक इस तरह कठोर संकल्प और आचरण का व्रत कवि नहीं लेता तब तक आज के हालातों में सही कवि-कर्म असंभव है।

अनेक कविताओं में कवि देवताले अपने कवि-व्रत को कठिनाइयों, कविता-धर्म की अनिवार्यताओं और प्रतिबद्धता के संकल्पों का काव्यात्मक आलेख उपस्थित करते हैं। "बरखास्तगी से पहले", "पुलिस के बारे में", "ठहरेपन के अभिनय में", कविताएं जो "हड्डियों में छिपा ज्वर" में शामिल थीं, उन्हें "दीवारों पर खून से" में भी लिखा गया है। "शायद हमी फिर" में इनमें कवि-धर्म के पहलुओं पर प्रकाश पड़ता है।

कवि एक ओर कविता के विभिन्न स्तरीय संघर्ष में पिट रहा होता है तो दूसरी ओर बाहर भी (सच्चे कवि के लिए अंदर-बाहर ऐसा कुछ होता है?) स्थितियां उसकी कविता का मांस नोचने के लिए और कवि का आधा वध करने के लिए सन्नद्ध होती हैं, (देखिए, "वध")। आधे वध की स्थिति है–"बाकी हिस्सा/एक अपरिचित भाषा के उत्सव में/बेबात हंसते हुए पूरने लगता है।"

बाहर की स्थितियाँ संवेदनशील कवि की मज्जा पर लगातार ठुकती और गढ़ती रहती हैं। विराट यथार्थ के आरपार फैले विस्तारित आकाश को कविता की पुतली में आँक लेते समय कवि को व्यामिश्र बिंब-योजना और

प्रतीक-योजना करनी पड़ती है। एक तरह से हर पल बदलते परिदृश्यों को लगातार टीपते समय कवि को कुछ सिनेमाई टेकनीक का अवलंब करते हुए फंतासी का जाल बुनना पड़ता है। ''पोलियोग्रस्त बच्चे की सवारी'' में देवताले की प्रचंड और प्रखर कवित्व-शक्ति की वह क्रीड़ा सचमुच आश्चर्य में डाल देती है। पोलियो-ग्रस्त बच्चों के प्रतीक से बीमार और पंगु भारतीय जनता की असलियत और उसके साथ चल रहे राजनीतिक बलात्कार की झांकी दिखाते हैं कवि देवताले और इतिहास-पुरुष को बूढ़े के रूप में प्रतीकित करते हुए एक भयावह नाट्य का निर्माण करते हैं। व्यवस्था के गुंडों, पुलिस और कानून की असलियत को फन्तासी द्वारा व्यक्त करते समय व्यामिश्र प्रतीकों और बिंबों का निर्माण करते हैं देवताले और स्थितियों का उत्तरोत्तर होता जानेवाला भयावह रूप अंकित करते हैं। यह एक ऐसा यथार्थ है कि कविता के लिए कोई स्थान नहीं बचता—

''और यहीं खत्म होती है कविता
वह कविता जो चाहे एक हजार भौंकते कुत्तों के बराबर हो
पर हाथी पर जब निकलेगा वह लुंजपुंज बच्चा
तब कविता कुछ नहीं कर पाएगी
क्योंकि
लाचार लोग सड़कों, छज्जों और पेड़ों को
अपने से पार कर
दागी जानेवाली तोपों की
सलामी देते से लगेंगे... ।''

कवि चारों ओर की ज़िंदगी में चरम कोटि की अमानवीय विषमता देखता है और कवि के रूप में उससे जूझने और उस पर विजय पाने की पूर्ण अशक्यता देखकर 26वें वर्ष में ही अपने-आप पर मुकदमा दायर करना चाहता है ''28वीं खिड़की का अग्निकांड''। कवि का संवेदनशील अनुभवगृहिता मन आसपास की, देश की, विदेश की, खतरनाक स्थितियों को देखकर अपने को अपराधी मानता है—अत्यधिक संवेदनशील व्यक्ति का यही हश्र होता है। कवि की यह अवस्था—

"मैं माफ करता हूँ अपने को
और फेंकता हूँ
कविताओं के स्वतंत्र चीत्कार में
मैं सजा देता हूँ अपने को
और सौंपता हूँ
यह अट्ठाईसवीं खिड़की का अग्निकांड
जो मुझे सोने नहीं देगा
मैं रातों को आँखों में
कांटों की तरह भोंककर
बोरों के पिरामिडों में
खुपसने लगता हूँ चाकू
गेंहू नहीं… चना नहीं… चिवड़ा नहीं
नर-मांस…
नर-मांस…
नर-मांस में खुपसा-खुपसा
टूट गये चाकू से परास्त
मैं अन्य में गोदने लगता हूँ
नाटी इमली की छाती पर
शीर्षकहीन खंडित
कविता का अट्टहास… ।"

दुनिया को बदलने की कविता की क्षमता पर भरोसा बहुत बार टूट जाता है और विलक्षण वेदना से कवि कराह उठता है—

"मैं जानता हूँ पीले आईने में जलती लाल आँखों का
आक्रोश कोई भूकंप नहीं ला देगा
दुनिया सिर्फ कपड़े बदलती रहेगी और
संसद का गुलपाड़ा मुझे
उस सड़क पर फेंक देगा जहाँ कविता जूतों के नीचे
रौंदी जाकर मेरी छाती में फफोले की तरह उभर आएगी
(अंत नहीं हो रहा है)

"ठप्प कविता की याद करते हुए" में कवि कहता है–

"स्थगित और ठप्प होकर
सिर्फ दर्शक बना तम जान पाया
कविता की लड़ाई किसी और से नहीं
सिर्फ कविता से है।"

देश-विदेश की स्थितियों की विडंबना का प्रसंग खड़ा कर संकेत करते हुए कवि महसूस करता है कि –

"राजगढ़ में मैं
अपनी छोटी सी नाव को जलाकर
हाथ तपा रहा हूँ
अपने भीतर छटपटाती मछलियों को निकाल कर भूजता हुआ"

कविता छोटी-सी नाव है और उसे ही जलाकर अंदर की छटपटाती चेतना को कवि मजाक के तौर पर खत्म कर रहा है–"ठप्प" कविता का यह इतिहास है।

पूर्णतः कविता के लिए जीने, कविता के लिए रहनेवाले कवि को कविता में ही मरना पड़ता है–इस तरह कविता से ही सब काम लेना होता है, ऐसी विवशता से गुजरते हुए उसे कविता से भी हताश होना पड़ता है। एक तरह से कविता और कवि दोनों के सामनें यक्ष प्रश्न है। "मुत्यु" कविता में यह बोध अधिक तीव्र परिणति में दर्शाया गया है।

चूँकि देवताले पूर्णकालिक कवि हैं, कवि के सामने आनेवाली संकट-परंपरा को लेकर बार-बार कविता लिखते हैं। बार-बार कवि-कर्म की कठिनता से हताश होकर बार-बार कवि के रूप में संगठित करने का प्रयास करते हैं। बार-बार एक संकल्प सामने आता है। "पुनरागमन" कविता में इस संकल्प को एक प्रतिज्ञा के रूप में शब्दांकित किया गया है। इसमें नकारात्मक पक्ष उभरा है जिसमें कविता से पक्ष-विपक्ष के लोग जो काम लेते हैं उसको नकारा गया है। यह समूचा नकारात्मक संकल्प अपने-आप में इतना काव्यात्मक है कि उसको उद्धृत करने का मोह संवरण नहीं किया जा सकता–

"वह फुफकारते काले नाग का

उत्सव नहीं होगा
अभिव्यक्ति की दुर्घटना के नाम पर
पीपल पत्ते कुतरती बकरी का
आलीशान इतवार तो...
कदापि नहीं होगा...
फूहड़पन पर लेटकर
डकारने की प्रक्रिया के विरोध में
उसका आना
किसी प्रतिष्ठा की खूँट पर
कुछ भी टाँगने का
उपक्रम नहीं होगा
पत्थरों के बीज और बिच्छुओं के स्पर्श लेकर
पतझर के दर्पण जैसी कविता की नंगी हथेली पर
वह हरगिज नहीं टपकाएगा
किसी के नाम की हवाओं से निचुड़ता शब्दों का शहद।"

यह स्पष्ट करने की जरूरत नहीं है कि काव्योद्देश्य के पीछे विभिन्न इरादों पर फैली जगमगाती चादर को कवि ने निर्ममता से दूर किया है। यह सब महत्वपूर्ण है परंतु इससे भी महत्वपूर्ण यह है कि अपनी सकारात्मक बात कहते समय कवि नकारात्मक मुद्रा में स्वीकार करता है—

"सो फिर उसके पुनरागमन को
मैं क्या कहूँ
मैं दर्शक नहीं अँधेरा हूँ
और वह सूरज नहीं
शायद पता नहीं क्या है।"

असल में यह नकारात्मक मुद्रा कविता के सही उद्देश्यों के प्रति नमन मुद्रा है। किसी भी बाह्य उद्देश्य के लिए अपनी कविता का उपयोग करने के प्रति तीव्र नकार और अबूझ, रहस्यमय, तर्कातीत स्थिति का स्वीकार कवि की स्वायत्तता का संकल्प है। यह कहने की यहाँ जरूरत नहीं है कि यह

स्वायत्तता कलावादी आग्रह नहीं है। (दुर्भाग्य से प्रचार में इस अंतर को जानबूझकर गड्डमड्ड किया जाता है) और व्यक्तिवाद का अतिरेकपूर्ण स्वीकार भी नहीं है।

चंद्रकांत देवताले कविता की सोच को अधिक विस्तार में और अधिक गहराई में प्रस्तुत करने का प्रयास करते हैं–"अपने नर्क में शुरू करें इस वक्त" में। असल में देवताले जैसे कवि को किसी गुट में स्वीकार करना मुश्किल है क्योंकि अपनी गहन आस्थाओं के सामने देवताले के लिए किसी भी गुट या वर्ग की बड़बोली उद्देश्यवादिता पसंद नहीं है। कवि देवताले जानते हैं कि छद्म और ढोंग किसी विशिष्ट पक्ष की बपौती नहीं होती। देवताले की तेज कवि-आंख की एक्स-रे किरण लीलती छद्म को वेधती है–

"कविता केवल मुँह को दिखाती है
पर मुँह से
सिर्फ थोड़ा-सा होता है
खुलासा तो
हाथों में क्या है देखने ही से हो सकता है।"

फिर एक जबर्दस्त चोट करते हुए देवताले लिखते हैं–

"मगर हाथ पैंट की जेब में हैं
और आंखें कविता के इतिहास पर
तो मुँह से निकलनेवाली कविता
अगर चकमक का काम करती भी है
तो केवल उससे क्रांति ब्राण्ड
सिगरेट सुलग सकती है
और उसके धुएँ से
पड़ोसी की आँखों को थकाकर कोई भी कैसे समझा सकता है
कि उसने
कीचड़-भरे रास्तों को पार कर बंदूक के भीतर कुछ रखा है
और वैसे बंदूक भी कहीं नहीं है
और अपने जंगल का

अता-पता जाने बिना
हम क्यों हाँका कर रहे हैं
हमें कब मालूम होगा
कि वे कुछ लोग
इतिहास में अपना
शेर का हिस्सा
झपटने के लिए
मचान पर खड़े हैं... ।''

वैसे पूरी कविता एक जबर्दस्त विस्फोटक व्यंग्य से भरपूर है। अपनी कवि-दृष्टि की पैनी पहचान पर भरोसा करते हुए देवताले चेतावनी देते हैं–

''इसीलिए बेहतर यही होगा
हम उनका मुँह जोहने के बदले
उनके हाथों पर निगरानी रखते हुए
अपने जंगल को अपनी आँखों से पहचानें
अनुवाद के घोड़ों पर बैठकर उन्हें जाने दें
दूतवासों का स्वर्ग देखने
हम
अपने नर्क में शुरू करें इसी वक्त
जो कुछ जहाँ से हमें करना है।''

किसी भी आयोजित पूर्वनिर्धारित विचारधारा को स्वीकारने से अपने को अलग रखनेवाला यह कवि जंगल का ऐसा शेर है जो किसी गुट में नहीं रह सकता। (तब आश्चर्य नहीं होता कि कवियों के विष्णु सहस्रनाम में देवताले का नाम मुश्किल से क्यों आता है) यह जानते हुए भी कि–

''यह समुद्र पर सफेद और हल्की हवा का नहीं
आँधियों की गश्त का मौसम है
अब वहाँ जाने के लिए शायद कोई दिन खुले।''

और यह जानते हुए भी कि कवि के रूप में वह एक ऐसी लड़ाई लड़ रहा है, जो विजय में परिणत होगी, यह नहीं कहा जा सकता, देवताले एक अभिमन्यु

की लड़ाई लड़ रहे हैं। (देवताले की कविता में मिथक लगभग गायब है।)—"मैं तप करता हूँ"। "एक साबुत घर के लिए" कविता में भी अपनी कविता के उद्‌देश्य और प्रत्यक्ष स्थिति गति के बीच की विषमता बड़ी कलात्मक भंगिमा कवि व्यक्त करता है—

"इस छोटी-सी यात्रा के बाद
मैं अभी इस अधूरे घर के बावजूद
पृथ्वी कहना चाहता हूँ
पृथ्वी जो करोड़ों फूलों को पैदा करती है
और खून से नहाती है
पृथ्वी के सत्य से जुड़े खून के इतिहास को पोंछते हुए अब मैं
वसंत कहना चाहता हूँ
वसंत जो मेरी पृथ्वी की आँख है
जिससे वह सपने देखती है
मैं पृथ्वी का देखा हुआ सपना कहना चाहता हूँ
यही सपना मुझमें कविताएँ उगाता है
अपनी इस छोटी-सी यात्रा के बाद मैं थिरकती हुई पृथ्वी पर
खिलते हुए वसंत के साथ
उस साबुत घर के सपने की
कविता सौंपना चाहता हूँ
जिसे पूरा करने की कोशिश में
उस औरत की ओढ़नी
बदरंग पैबंदों का इतिहास बन गई है
और वह आदमी अपने पके हुए बालों के साथ
अब अपने बेटों के बच्चों को चूसने के लिए
राड़े के छिलके थमा रहा है।"

देवताले बीच-बीच में कविता के कारगर होने को लेकर बेहद चिंतित होते हैं। परंतु उनके जेहन में एक तर्कातीत विश्वास है, आस्था है, कविता पर —शब्द पर। यही तर्कातीत शब्द-आस्था उन्हें कवि के रूप में सक्रिय रखती है।

"धूमकेतु" कविता में इस तथ्य से काव्यात्म साक्षात्कार उत्कट रूप में होता है–

"मुसीबत के मुकामों से मसीहों के ऐशगाहों तक कोई
सड़क नहीं है तो क्या
संभावनाहीन नहीं हो जाती
कोई भी जगह
भूखंड, पेट, मैदान, मस्तिष्क
या बीहड़ चकमक कहीं दूर है तो क्या
आज यहाँ भी आग है
अग्निबीजों को माचिस में कैद कर
वे कब तक काबू में रख पाएँगे
कोई भी करतब का प्रलोभन अब
आग को तरतीब नहीं सिखा पाएगा
कोई चाहे या न चाहे
पर धुआँ अब
आबादी के बीच भाषा की गिजा बन जाएगा।"

देवताले की आस्था का एक अन्य केंद्रीय आधार है–जनजीवन। जनजीवन और कविता को वे भीतर से संपृक्त करते हैं–

"वैसे उन दिनों में जब पेट की आग
बंदूक से बुझाई जाती हो
यह कितना उबाऊ धंधा है
कि कोई कविता के पास खड़ा हो
और यूं बेवजह
सब लोगों से जुदा हो।" ("धूमकेतु")

और यह संपृक्ति का स्वर लोक-आत्मा की भीतरी ऊर्जा से उत्पन्न है। कविता के प्रति समर्पित देवताले "कविता का एहसानमंद" है लेकिन कहीं पर यह अपर्याप्त भी है और प्रत्यक्ष कृति पर, शाब्दिक कृति पर नहीं, ठोस व्यावहारिक कृति पर भी उतरना पड़ता है। कृति के लिए बेचैन कवि की विलक्षण

दर्दभरी छटपटाहट प्रकट हुई है—''पत्थरों का राजगढ़'' कविता में।

देवताले ने भाषा का विशेष उत्कटतापूर्वक चिंतन किया है—''भाषा के इस भद्दे नाटक में''। भाषा के सहारे चलनेवाले कपट नाटक का विराट रूप खड़ा करते हैं देवताले और यह भी बताते हैं कि इसको बेधनेवाली भी भाषा ही होती है—कविता की भाषा जो आदमी के सत् से जुड़ी होती है।

भाषा कविता से अद्वैत रूप में जुड़ी हुई होती है और भाषा की ताकत तथा भाषा की आज की स्थिति में दुर्दशा दोनों को कवि जानता है। झूठी भाषा का टेंटुआ मसकना अकेले का काम नहीं, वह समवेत में ही संभव है।

स्थितियाँ इस कदर बिगड़ी हुई हैं कि सार्थक संवाद भाषा में असंभव हो गया है। सुबह होने की ठोस वास्तविकता का आकलन भी शंका पैदा करता है। काव्यात्मक तर्कों से इस भाषाई भ्रष्टाचार के विभिन्न कारणों का संकेत कवि करता है। शब्दों का सही उपयोग न होने का एक कारण है—''भय के चाकू ने हादसे की नदी में डुबो दिया है/समय की तमाम ठोस घटनाओं को।'' इस भय से स्थिति यह पैदा हुई है कि बंधी हुई मुट्ठी के होते हुए भी मुक्तिबोध की कविताएँ तक तिनका नहीं बन पातीं। दूसरा कारण यह भी है कि उत्साह की छोटी-सी मोमबत्ती ने तेजस्वी आँखों को चुंधियाया है। इसलिए फफूँद से ढंकी दिन की त्वचा को कोई नहीं देख पा रहा है। महिमामंडित महाकाव्य के बीचोंबीच दबा-पिचका चूहे का शव देखना असंभव हो गया है। महामहिम के आसपास वास्तविकता की बदबू व्याप्त रहती है परंतु उसके मूल कारणों की खोज मुश्किल हो गयी है। आशावाद हो या आदर्शवाद—सत्य को देखना मुश्किल हो गया है, समय का पहिया अपने पसीने से घुमानेवाले हाथ अपनी ताकत को नहीं पहचानते क्योंकि नमक-प्याज के टुकड़े ढूँढ़ने में वे काठ के-से हो गये हैं। ऊँची जगह की भाषा मोमबत्ती के उजास से तो कभी खून टपकाते छोटे चाकू से हमारे मस्तिष्क को पंगु बना देती है। तथाकथित क्रांति की भाषा थोथी हो गयी है। कवि पूछता है—

''भाषा में गुँथी विजय
भाषा के पोत से चमकते हुए सपने
भाषा में छपी हुई गाथाएं

चखते हुए अपनी आँखों से इन्हें
क्या हम एक दिन अंधे हो जाएँगे।''

कवि देवताले दोमुँहे शब्दों की नेपथ्य की भूमिगत साजिश को जानता है। सुख के पहाड़ की चोटी तक पहुँचानेवाली कपट भाषा असल में आदमी का मांस खाती है।

कवि व्याकुल होकर पूछता है—

''किस अग्नि-स्नान के बाद
उगेंगे-छपेंगे वे शब्द
जिनके पेट में छिपा होगा सत्य
जिसे देखते ही पहचान जाना होगा आसान
किंतु भाषा के इस भद्दे नाटक में घमासान
जिसे विदूषक ने आज दफना दिया है कहीं
मंच के नीचे या नायकों के तख्तेताउस के पास।''

देवताले बिंबों और प्रतीकों का चलत-चित्रपटी-सा ऐसा आभास पैदा करते हैं जो अमूर्त चित्र का प्रभाव उत्पन्न करते हुए विराट जीवन के तथ्यों को संकेतित करता हुआ विलक्षण प्रभावकारी भाष्य-सा करता-सा लगता है। बहुआयामी वास्तविकता को कसावपूर्ण ढंग से व्यक्त करने की यह सामर्थ्यशाली शैली है।

शब्द की शक्ति में फिर भी देवताले विश्वास करते हैं—यह सही कविता की शक्ति है—

''सत्य को जब चींथता है कोई शब्द
या कोई शब्द ध्वस्त हो
देता है हमें सत्य
तब टपकता है दूध कविता का
मजबूत होती हैं घास की जड़ें।''

''भाषा का पानी यानी आदमी का सत्''—देवताले की भाषा और कविता के प्रति यंह मूल्यदृष्टि है। इसलिए देवताले की कविता में जगह-जगह उन बड़बोले कवियों तथा साहित्यकारों पर भी कटु व्यंग्यात्म निर्देश मिलते हैं।

जिनके मुँह में मूल्यधर्मी भाषा तो होती है परंतु आचरण से उसमें सही अर्थवत्ता नहीं पैदा होती। देवताले उन कवियों में से हैं जिनके लिए कविता; कविता की भाषा और जीवन का व्यवहार एक ही सिक्के के दो पहलू हैं। जब इनमें कहीं फांक पैदा होती है तो अपराध-बोध से पीड़ित कवि छटपटाता रहता है। यह भी एक महत्वपूर्ण स्वर देवताले की कविता में गूँजता रहता है।

देवताले विश्वास के साथ कवि के नजरिए की विशिष्टता को काव्यात्म भाषा में अंकित करते हैं, "मैं जो कह रहा हूँ" ("लकड़बग्घा हँस रहा है") में—

"मैं देखता हूँ चीजों को
धड़कनों के भीतर तक जाकर
और कहता हूँ कुछ इस तरह से
जैसे मैं जो कह रहा हूँ
वह देख-सुनकर ही नहीं
चखकर भी आया हूँ
और यह उससे कितना भिन्न है
जो सुबह अखबार में
किसी की भी आँखें देखती हैं।"

इसीलिए देवताले आज की खतरनाक स्थितियों की असंगतियों पर उँगली रख सकते हैं—

"अभी मैं सिर्फ इतना ही बताता हूँ
कि वह जो हँस रहा है
उसका हाथ जेब में रखे चाकू पर है
वह जो अदृश्य हो गया है
दूर जंगलों में बंदूक साफ कर रहा है
और वह जो प्रकट हो रहा है
आत्मीय मुस्कान के साथ
तुम खुद सोच लो
कि वह कौन है?"

क्या इन 1975 के पूर्व लिखी पंक्तियों में 1991 के संकेत नहीं मिलते? यह कवि के नजरिए का द्रष्टापन है।

अध्याय-2

देवताले की कविता-एक गृहस्थ की पीड़ा

देवताले एक परिवार व्यवस्था में रमनेवाले कवि हैं और आधुनिकता के अपलक्षणों ने उन्हें वशीभूत नहीं किया है। वैसे भीतर तक अपने भारतीय होने की सहजता उन्हें प्राप्त है। अपनी मिट्टी, अपनी संस्कृति, अपनी सभ्यता, अपने लोग इत्यादि के प्रति आंतरिक लगाब के कारण उनकी अस्मिता पर आघात नहीं हुआ है। इसलिए उनकी कविता में अस्मिता से पैदा हुई ऊर्जा का स्फोट बार-बार देखने में आता है। यह स्फोट तीव्र रूप में निराला में था, धूमिल में था और इधर देवताले की कविता में है। एक तरह से इसका रिश्ता विरोध, निषेध, अस्वीकार के मूल में गृहीत जन-संपृक्ति से है। अतः मूलतः यह अस्मिता की ताकत संवाद भाव से पैदा होती है, वैयक्तिक लगे भी तो भी मूलतः यह सामाजिक होती है। भारतीय कवि में परिवार के प्रति हार्दिक भाव उसकी आत्मा का ही एक अभिन्न प्रकटीकरण होता है। देवताले गहरे धरातल पर अपने परिवार से जुड़े हुए कवि हैं। (मराठी में बिंदा करंदीकर और नारायण सुर्वे के संबंध में यही कहा जा सकता है)। लगभग इन सभी कवियों में भाषा और प्रस्तुतीकरण को लेकर विलक्षण ऊर्जायुक्त स्फोट दिखाई पड़ता है। स्फोट का अर्थ यहाँ है अनुभव का तीव्र आवेगमय प्रकटीकरण जो अनुकूल देशी गंध लेकर ध्वनि और नाद का एक अपना संसार प्रकट करता है।

परिवार से जुड़ा व्यक्ति अपनी पत्नी, पिता, माता, बच्चे आदि के प्रति सहृदयतापूर्ण ढंग से प्रतिकृत होता है। उसकी क्षणिक अरुचि और ऊब में भी गहरी अंतरंगता का प्रमाण मिल सकता है। देवताले में बच्चों के प्रति सहज स्वाभाविक उत्कट स्नेहाभाव है जो समाज-स्थिति का चित्रण करते समय बार-बार उमड़कर प्रकट होता है। उनके दुख और दर्द, यातना और अभाव

से वे गहरे तल पर पीड़ित होते हैं। समाज या जनजीवन के प्रति लगाव का एक सुदृढ़ सूत्र बच्चों के प्रति सहज प्यार से ही जुड़ जाता है।

बच्चों की हालत को देखकर देवताले बार-बार असह्य पीड़ा से विद्ध होते हैं। "पुलिस के बारे में" कविता में पुलिस से अधिक उनके बच्चों से देवताले गहरा परिचय बता देते हैं—

"दुबारा यदि आएगा तो पुलिस नहीं
उनके बच्चों के बारे में बताऊँगा
जिनकी आँखों में उजाले जैसा जरा भी नहीं है
एक साबुत स्लेट और सफेद कमीज के इंतजार में
जो बरसों से वंदेमातरम् के विरुद्ध
कुछ गा रहे हैं।"

बच्चों के प्रति यह लगाव और उनकी वर्तमान स्थिति को देखकर विदीर्ण मानसिकता, भविष्य के प्रति करुण चिंता "प्राथमिक स्कूल" कविता में बड़ी सामर्थ्य के साथ व्यक्त होती है। एक विलक्षण कारुणिक चित्र उपस्थित करते हैं देवताले कविता के आरंभ में—

"उन सब मासूम बच्चों की मौजूदगी में
मेरा यह सवाल कितना बेहूदा था
'इसके बाद ये सब कहाँ जाएँगे?'
क्योंकि वे सब उस वक्त
मँडराते हुए कौवों को इस तरह देख रहे थे
जैसे वे हेलीकाप्टर हों
और बस चंद मिनिटों में उनके लिए बिस्कुट और ताजा किताबों
और खिलौनों की बरसात होने वाली हो… ।'

बच्चों का अज्ञान, उनकी झूठी आशा की प्रतीक्षारत व्याकुलता और उसमें छिपी लाचारी, मनुष्य को पालते प्राणी से भी हीन अवस्था में रखनेवाला परिवेश—सबका एक करुण दृश्य उभरता है। इसमें अंतःप्रवाहित व्यंग्य का तीखा परंतु गहरा स्वर समूचे अनुभव को भावुकता से पूर्णतः बचाकर वजनदार बना देता है। देवताले दृश्य को समग्रता के संदर्भ में प्रस्तुत कर कविता को

व्यापकता का आयाम भी देते हैं। स्कूल में जानेवाले बच्चे और उनका वर्तमान और भविष्य देवताले का खास सरोकार है। "शाम को सड़क पर एक बच्चा" में बच्चे की दशा दिखाते हुए उसके साथ संतरी का क्रूर व्यवहार और आने-जानेवालों की निस्संगता का संकेत हर पाठक के मन में अपराध-भाव जगाता है क्योंकि इस ट्रेजडी में वह किसी न किसी स्तर पर शामिल रहता है। "फिल वक्त" में ऐसा ही एक दृश्य है गुड़धानी के लिए रोनेवाले बच्चे का जिसकी मां लीद के लिए घोड़ागाड़ियों की ओर पुलकित नजर से देख रही है। कंट्राक्ट का विधान देवताले की संरचना का एक महत्वपूर्ण उपादान है। "थोड़े से बच्चे और बाकी बच्चे" में इसका भरपूर उपयोग करते हुए आज की तारीख में भारत में पैदा हो रहे और बढ़ रहे दो देशों का वर्णन देवताले करते हैं। विषमता का तीखा अहसास पैदा करने के लिए लिखी कविता को चुने हुए छोटे-छोटे कतिपय प्रसंगों में कथन-वक्रता का किया हुआ भरपूर प्रयोग कविता को सपाट होने से बचाता है। वर्ग-सत्य की कठोर वास्तविकता को उजागर करती हुई यह कविता एक आशापूर्ण संकेत भी अपने में समाए हुए है। देवताले छोटी घटनाओं के माध्यम से वर्ग-स्थिति का एक विद्रूप संकेत शक्तिपूर्ण ढंग से व्यक्त करते हैं। ("शाम को सड़क पर एक बच्चा", "कीचड़ में कमल जैसा कुछ नहीं था") "कीचड़ में कमल" कविता में एक घटना के माध्यम से एक क्रूर खेल व्यंग्यात्मक स्तर पर प्रकट हुआ है। एक मनुष्य का छिछलापन और उथलापन प्रकट करती है यह कविता। बच्ची की चमकदार चप्पल लाने में अपनी कमीज खो देता है आदिवासी बच्चा। नंगे बच्चे पर हँसनेवाले लोगों में पाठक अपने को भी शामिल पाता है और कीचड़ भयानक रूप से असंभावनापूर्ण और गंदा फैला हुआ लगने लगता है। घटना और प्रतीकात्मक संकेत के माध्यम से दूर तक अर्थ-वलय विस्तारित करती हुई यह कविता अनोखी क्षमता से जीवंत हो जाती है। देवताले की नजर में बच्चों की जेल—

"हकीकत में वह फाँसीघर था
जल्लादों के बिना
वह यातना-शिविर था
बिना किसी तानाशाह की तस्वीर के
देश का सबसे छोटा नक्शा।"

(''बिन्ना किसी तानाशाह की तस्वीर के'', ''आग हर चीज में बतायी गयी थी।'') देवताले बच्चों के जेलखाने को केवल करुणा को उभारने तक सीमित नहीं रखते। उनके खतरनाक भविष्य का चित्र खींचकर भयावह वातावरण का अहसास भी कराते हैं और इन छोटे हत्यारों के साथ देश के बड़े हत्यारों का व्यंग्यात्मक अंकन करते हुए काव्यानुभव को जटिल और व्यामिश्र आकार प्रदान करते हैं।

साहब के बबुए के साथ अतिरिक्त प्यार, सावधानी और अपने घर के गुलामजादे के साथ दुर्व्यवहार के बीच की असंगतियों को उभारते हुए कवि पूछता है—''कन्हैया, मोती, आँसू, हृदयराम। अपनी जोरू अपने बच्चे तुमको दुश्मन क्यों लगते हैं?''—उत्तर अपने-आप में स्पष्ट है। वर्गीय विषमता से उत्पन्न यह जीवन-विषयक लाचारी पाठक के मन पर कशाघात करती है।

''बालम ककड़ी बेचनेवाली लड़कियाँ'' एक मानवीय करुणा से ओत-प्रोत कविता है जो कुछ हर दिन के हल्के-फुल्के शोषण के प्रसंग-टुकड़ों से बुनी गयी है। लोकजीवन की खट्टी और तीखी गंध लिये हुए यह कविता आदिवासी जीवन के शोषण का बहुस्तरीय चित्रण करती हुई उसकी जिजीविषा और जीवनाह्लाद को उभारती है। परंतु कवि का मन उसकी सजग जानकार चेतना के कारण उसे सालता रहेगा। इसी तरह का अपराध-बोध ''कैसा पानी कैसी हवा'' में दिखता है जब कवि पर्यावरण की चिंता में बच्चों के भविष्य और राहत के लिए गहरी चिंता व्यक्त करता है।

व्यापक सहानुभूति और जीवन-विषयक सूक्ष्म निरीक्षण से उत्पन्न कवि देवताले की कतिपय कविताएँ उसके जीवन-मूल्यों का सशक्त संकेत ही नहीं करतीं, पाठक को गहरे स्तर पर उद्वेलित भी करती हैं, अपराध-बोध जगाती हैं, आत्मान्वेषण के लिए बाध्य करती हैं और देश में विषमता की विष-वेला के बढ़ते रूपों से साक्षात्कृत कराती हैं।

बच्चों के प्रति विलक्षण आत्मीयता भारतीय परिवार में पनपती है और देवताले की कविता में अपनी बच्चियों को लेकर जो प्यार, डर, शंका, चिंता, हताशा, निराशा, आशा सब है वह एक औसत पिता की धरोहर है। इसीलिए उनकी ऐसी कविताएँ भारतीय मानस को सीधे प्रभावित करती हैं। भारतीय

पिता की सनातन चिंता "दो लड़कियों का पिता होने से" में प्रकट हुई है–

"एक सुबह पहाड़-सी दिखती हैं बेटियाँ
कलेजा कवि का चट्टान-सा होकर भी
थर्राता है पत्तियों की तरह
और अचानक
डर जाता है कवि
चिड़ियाओं से
चाहते हुए उन्हें इतना
करते हुए बेहद प्यार।"

बेहद प्यार और भविष्य की आशंका के बीच आंदोलित कविहृदय का बड़ा ही प्रभावपूर्ण चित्रण है कविता में। पिता बन जाने के बाद ही जाना जा सकता है कि पिता का प्यार कैसा होता है। "प्रेम पिता का दिखाई नहीं देता" में यह अनोखा प्यार जो आत्मनिर्भर होकर दूर जानेवाली कन्या को आशीर्वाद ही देता है, चित्रित है। वैसे कुल बच्चे देवताले के लिए एक सबसे सुंदर, संभावनापूर्ण और प्यारी-सी चीज हैं परंतु जब अपने बच्चों का वे संकेत करते हैं तब पूरा काव्यात्म परिवेश विलक्षण गर्माहट से भरापूरा हो जाता है। "बाद" और "चीते को जुकाम होने से" कविताएँ इस दृष्टि से उल्लेखनीय हैं।

देवताले की कुछ उत्कृष्ट कविताएँ मां से संबंधित हैं–"माँ जब खाना परोसती थी" में विभिन्न परिस्थितियों में बेटे और माँ के बीच प्रेम और वात्सल्य के जो गहन क्षण होते है, ऊपर से जिनकी सम्प्रेषण प्रणालियाँ बदल जाती हैं परंतु अंतरतम में वही सघन सरोकार रहता है, उनका बड़ा प्रतीतिकारी चित्र कवि ने प्रस्तुत किया है। अथाह कुएँ में पीतल की चमकदार बाल्टी और लोहे की बनी बाल्टी के वे अनुभव बड़ी उत्कटता से देवताले प्रस्तुत करते हैं। विशेषता यह है कि कहीं भी प्रेम, दर्द, वात्सल्य आदि भावों का प्रत्यक्ष उल्लेख नहीं है। समूची कविता का तीव्र संवेदन बेटे और माँ के क्रियाकलाप से दर्शाया है–यह एक विलक्षण कलात्मकता का सबूत हैं। कविता के अनुभव में आयाम जुड़ते हैं बीवी-बच्चों के साथ खानेपीने के दिनों की बातों को लेकर। दो पीढ़ियों के बीच का अंतर भी केवल बरतने की क्रियाओं को लेकर उजागर किया गया

है। इस सभी के बीच यात्रा करते हुए कवि का अपनी माँ के साथ गहन लगाव और सभी के बीच भी तटस्थ अकेलापन मन को झकझोरता है। यह एक विलक्षण आशयधन, मूर्त और भावसमृद्ध कविता है।

देवताले की एक और कविता है–''माँ पर नहीं लिख सकता कविता'' (''आग हर चीज में बतायी गयी थी'')। एक सशक्त कवि सब पर कविता लिख सकता है पर माँ पर नहीं। ऐसे में हाथ में रह जाता है कुछ संकेतों के माध्यम से संवेदना को इंगित करना और देवताले ने यह काम बड़ी शक्तिमत्ता के साथ किया है। कविता में संवेदनात्मक विकास है जो उत्तरोत्तर दृष्टांतों से सघन होता जाता है। कविता का अधिकांश हिस्सा उद्धृत करने का मोह संवरण नहीं हो पाता–

''माँ के लिए संभव नहीं होगी मुझसे कविता
अगर चिऊँटियों का एक दस्ता
मेरे मस्तिष्क में रेंगता रहता है
माँ वहाँ हर रोज चुटकी-दो चुटकी आटा डाल देती है
मैं जब भी सोचना शुरू करता हूँ
यह किस तरह होता होगा
घट्टी पीसने की आंवाज
मुझे घेरने लगती है
और मैं बैठे-बैठे दूसरी दुनिया में ऊँघने लगता हूँ
जब कोई भी माँ छिलके उतारकर
चने, मूँगफली या मटर के दाने
नन्हीं हथेलियों पर रख देती है
तब मेरे हाथ अपनी जगह पर
थरथराने लगते हैं
माँ ने हर चीज के छिलके उतारे मेरे लिए
देह, आत्मा, आग और पानी तक के छिलके उतारे
और मुझे कभी भूखा नहीं सोने दिया।''

माँ का एक वात्सल्यमय, कर्मठ, बेहद परिश्रमी, जीवटवान, स्नेहमय व्यक्तित्व ही खड़ा नहीं होता, अपितु कवि की आत्मा, बुद्धि, चेतना और त्वचा

में गहरे धँसी प्रेरक प्राणशक्ति का संकेत करती है यह कविता। इस ऊँचाई और गहराई तक पहुँची कविताएँ इनी-गिनी ही होंगी—भारतीय साहित्य में जहाँ माँ पर कविता हरी दूब की तरह सहज और विपुल हो।

बच्चे, माँ, बाप और पत्नी इत्यादि पारिवारिक घटकों के प्रति आत्मीयता से सराबोर अनेक कविताएँ देवताले ने लिखी हैं और उनकी सामाजिकता का आरंभ परिवार में होने से और प्रतिबद्धता का विकास भी वहीं से होने से समूची कविता में उत्पन्न विलक्षण हार्दिकता कहीं भी छद्म की सरहद में नहीं जाती।

आधुनिक कवि की भारतीयता की और उसके गृहस्थ होने की सही कसौटी है उसकी पत्नी से संबंधित कविता। यह महत्वपूर्ण नहीं है कि कवि के जीवन में प्रेयसियों की संख्या कितनी है। महत्वपूर्ण है कवि कितने गहरे धरातल पर पत्नी से जुड़ा हुआ है। पति के रूप में और संतान के माँ-बाप होने के रूप में और यह भी कि पत्नी की गृहयातना का कितनी तीव्रता के साथ वह अनुभव करता है। यह भी कि अपने जाने-अनजाने किए पत्नी के शोषण के प्रति वह कितना अपराधबोध अनुभव करता है।

भारतीय परिवार में पत्नी का खटते और अपने को धीरे-धीरे क्षरित करते रहना एक सनातन तथ्य है। ऐसे में पति की आकांक्षा या सपना यही है कि ''नींद में हँसते देखना उसे मेरा एक सपना यह भी'' एक विलक्षण तीव्र ऊँचे स्वर में कवि शुरू करता है—पत्नी की शारीरिक थकावट की गाथा—

''सुख पुलकने से नहीं
रबने खटने के थकने से
सोई हुई है स्त्री
सोई हुई है जैसे उजड़कर
गिरी सूखे पेड़ की टहनी
अब पड़ी पसरकर।''

कवि उसकी यातना के गहरे तल को स्पर्श करते हुए कहता है—

''मिलती जो सुख
वह जगती अभी तक थी
महकती अँधेरे में फूल की तरह

या सोती भी होती
तो होठों पर या भौहों में
तैरता-अटका होता
हँसी-खुशी का एक टुकड़ा बचा-खुचा कोई।''

लेकिन कवि का उसे नींद में हँसते देखने का सपना पूरा नहीं होता क्योंकि ''पर वह तो माथे की सलवटें तक नहीं मिटा पाती सोकर भी।'' बिना किसी मानसिक भाव का उल्लेख किए कुछ व्यावहारिक क्रिया-बिंबों से जीवंत बनी यह कविता कवि के गहरे संवेदन को व्यक्त करती है और एक सहृदय पति और पत्नी के बीच का गृहस्थी का साझा सुख कम एवं अनंत शक्तिपूर्ण ढंग से व्यक्त होता है। प्रस्तुत कविता में विवशता, करुणा, दया, अपराध-बोध, पीड़ा, आत्मक्लेश, प्रेम, वात्सल्य, तिलमिलाहट, बेचैनी, आत्मनिंदा, औदात्य इत्यादि असंख्य भाव एक-दूसरे में गुँथकर व्यामिश्र रूप में व्यक्त हुए हैं। मौलिक और सहजोद्भूत बिंब-मालिका ने कविता को विलक्षण भास्वर बनाया है। ''वसंत'' कविता का प्रारंभ बहुत ही प्रसन्न ढंग से होता है और ''मटकों की त्वचा पर आंच की चमक है शेष उड़ती हुई धूल के बीच'' जैसे ताजे और टटके बिंब से कविता अप्रतिम-सी लगने लगती है। यह वसंत का सौन्दर्यबोध परिवार के माहौल में एकबारगी लड़खड़ा जाता है और आसमान से जमीन पर टपकाने वाला गृहस्थी चित्र प्रस्तुत होता है—

''बच्चियाँ मेरी तो दोनों
न जाने क्या छींक रही हैं सुबह से
पत्नी खाँसती-छींकती
इतवार को धूल-धस्सर से उबारने की कोशिश में
मैंने कहा—देखो चिड़ियाएँ कितनी उद्यमी हो गयी हैं
अनसुना कर वह बोली, ''कंडों के उधर हजारों मच्छर
भिनभिनाते उन पर छिड़क दो
फिल्लट पम्प उठा।''

देवताले कंट्रास्ट के उपयोजन के समर्थ कवि हैं और इस कंट्रास्ट से सौन्दर्यबोध का गुब्बारा पिचक जाता है परंतु इस गृहस्थी की झाँप में पत्नी का खींचा हुआ चित्र संवेदनापूर्ण है—एक गृहस्थ की मानसिकता से उपजा

हुआ। परिवार में पति-पत्नी संबंधों में संघर्ष के, बेमानीपन के, चिड़चिड़ाहट, गुस्सा और ऊब के क्षण कम नहीं आते।

पति-पत्नी संबंधों का एक अलग रूप "समुद्र" ("रोशनी के मैदान की तरफ") में आंका गया है। कवि ने समुद्र की भव्य और विराट अदाओं को शब्दों में भाषा में, बिंबों में कैद कर घर ले जाने का विचार किया है। वह पत्नी को थोड़ा अपने पराक्रम से आतंकित करना चाहता है। परंतु पति का अनुभव यह है—"मैंने सोचा था बहुत पर मेरा सोचना सारा उसकी विराट और गुस्सैल बुलंदी के आगे/ठंडी लौ की तरह मेरे भीतर पिघल रहा था।" यह पत्नी के व्यक्तित्व की महानता के आगे समर्पित पति का आम अनुभव है जिसे कवि ने विराट आयाम देकर प्रस्तुत किया है।

धनुष पर बैठी चिड़िया को लेकर एक गृहस्थी-चित्र खींचा है देवताले ने। छोटे से प्रसंग को प्रतीकात्मकता की विस्तृति प्रदान कर स्त्री-पुरुष संबंध का और खास रूप से गृहस्थन नारी का चित्र आंका है देवताले ने और नारी को चिड़िया और प्रत्यंचा से प्रतीकित कर एक काव्यात्म चित्र खड़ा किया है। (मुझे इसमें देवताले की प्रतीकात्मक शक्ति की सृजनात्मक क्रीड़ा पसंद आयी परंतु लगता रहा यह कि कल्पना की प्रत्यंचा जरूरत से ज्यादा खींची गयी है)

"शुरुआत या अंत" ("रोशनी के मैदान की तरफ") कविता में भी गृहस्थी के बीच के कुछ असमंजस और विषमता के क्षण अंकित हुए हैं। देवताले का वैशिष्ट्य यह है कि इस असमंजसता के पूरे परिवेश, जो बाह्य होते हुए भी अंदर का अभिन्न अँधेर-भरा हिस्सा बन जाता है, को चित्रित करते हैं और असमंजस या संबंधों की निर्ममता के मूल में स्थित मनुष्य की विवशता का संकेत करते हैं। यह विवशता प्रायः परिवेश की उपज होती है। विशुद्ध मानसिक नहीं, इसलिए कविता में ठोसपन आ जाता है। इस कविता में भी प्रतीकात्मकता की क्रीड़ा है, बिंबधर्मी भाषा का विन्यास है, भरपूर वक्रता है और संकेतमय गहराई भी। यह अधिक सशक्त कविता लगती है।

परंतु वर्षों से गृहस्थी के ताप में तपते रहने से आती है एक समंजसता और पक्वता जो गृहस्थी की मजबूत नींव है। एक अतिशय तरल परंतु बेहद यथार्थ, विलक्षण, कलात्मक और ठोस चित्र इसी नींव का खींचा गया है—"तुम

हमेशा अकेली छूट जाती हो'' कविता में। यह पास आना और फिर छिटक कर दूर हो जाना और फिर पास आना–भारतीय पारिवारिक नींव में पति-पत्नी संबंधों के यह चीमड़ परंतु लचीले धागे देवताले ने अनेक स्थानों पर प्रस्तुत किये हैं। ''एक साबुत घर के लिए'' कविता में कुछ ऐसा ही संकेत अधिक वक्रतापूर्ण ढंग से व्यक्त होता है। ''ब्लेड'' जैसी क्षण-चित्र कविता में भी गार्हस्थ्य प्रेम की मर्म-सी मुस्कुराहट एक आंतरिक अपार स्निग्धता को व्यक्त करती है। ''महीनों बाद अपने ही घर में'' भी इसी स्वस्थ गृहस्थ-प्रेम की सुखद ऊष्मा देनेवाली कविता है। पति के बुखार में दोनों की अवस्था होती है–"हम थर्मामीटर के भीतर थे दोनों, चढ़ते हुए पारे में'' परंतु बुखार उतरने पर स्थिति यह–

''मेरे भीतर हँसी का दरख्त
थरथराने लगा
और फर्श पर बिखरे पारे की अनगिनत आँखें
ढूँढ़ने लगीं तुमको मेरे लिए।''

(''बुखार में''-''रोशनी के मैदान की तरफ'') यह वह साझा अनुभव है जो गृहस्थी के त्रास और ताप में पक्वता देता है।

ऐसा नहीं कि रिश्तों में एकरस आत्मीयता ही है। बीच-बीच में ऐसे भी क्षण आते हैं जो एक-दूसरे को मुश्किल में डाल देते हैं, दुख और यातना देते हैं, असमंजस पैदा करते हैं, बीच की दूरी को प्रदीर्घ बना देते हैं। ''निष्फल हुई कोशिश मेरी'' (''रोशनी के मैदान की तरफ'') ऐसी ही एक असमंजस को व्यक्त करनेवाली कविता है–

''जब तुम देखती हो मुझे
मुझे नहीं लगता मैं हूँ
तुम कुरसी के टूटे पाए को देखती हो ज्यादह
और मुझे कहीं धुंध में चुपके से छोड़ आती हो।''

(''टूटे पाए'' से न केवल दयनीय आर्थिक परिवेश का संवेदन है, भाव की स्थिति की व्यंजना भी है)। ''चुभन और गंध'' के ''अदृश्य जंगल को हरे भरे दृश्य में तब्दील कर दूँ'' की इच्छा से आनेवाला कवि प्रेम का स्वाद चखाने में असफल हो जाता है। इस असमंजस का प्रभावपूर्ण बिंब–

"चखती हो तुम स्वाद से मुँह बनाती हुई
जैसे इमली चखते हुए कोई
फिर हंसती हो जानकर सब-कुछ
भेद लेने और भेद देने से परहेज करने वाली
बिन कुछ कहती हुई हँसी।"

पति-पत्नी के बीच एक लगभग नित्य स्थिति का यह चित्र अधिक गहराता है एक अबूझ परंतु वास्तविक प्रतिक्रिया से–

"और तुम बादल-काट बिखरी
तेज धूप-सी हंसने लगती हो अचानक
मेरे जादू के तिलस्म को तोड़कर
जैसे कुछ भी नहीं हुआ।"

परिणामतः "और मैं सोचने लगता हूँ थककर/अनंतवीं बार फिर निष्फल हुई कोशिश मेरी।" यह गृहस्थी के असमंजस और तालमेल का स्थायी चित्र है। कुछ ऐसा ही पारस्परिक रिश्तों का विलोभनीय क्षण-चित्र रेखा-चिह्न है जिसमें पाठक अपने मनोनुकूल रंग भरकर देख सकता है–"मैं तुम्हें दूसरी तरफ से देख रहा था।" ("रोशनी")

देवताले की माँ पर लिखी उत्कृष्ट कविता की तरह एक बेहद शक्तिशाली कविता है "स्त्री के साथ" ("आग हर चीज में बतायी गयी थी")। प्रस्तुतीकरण के अनोखे ढंग से शानदार बनी यह कविता यथार्थ और रोमेंटिसिज्म के तथाकथित विरोध को निरस्त कर एक समन्वित-संतुलित और असमंजसतापूर्ण परिपक्वता का उत्तम उदाहरण प्रस्तुत करती है–

"वैसे मेरी आत्मा आकाश में बहुत ऊँचे तक उड़ी है
पर डोर हमेशा किसी स्त्री के हाथ में रही
और सब जानते हैं औरत ज्यादह ढील नहीं देती।"

देवताले की ये कुछ पंक्तियाँ पुरुष की स्त्री-शरणता को स्वीकार करती हुई भी उसकी विवशता में नारी-गौरव करती हैं जो प्रकारांतर से गृहस्थ धर्म की विजय गाथा है–

"प्रेम करती हुई औरत के बाद भी अगर कोई दुनिया है
तो उस वक्त वह मेरी नहीं है
उस इलाके में मैं सांस तक नहीं ले सकता
जिसमें औरत की गंध वर्जित है
सचमुच मैं भाग जाता चंद्रमा-से फूल और कविता से
नहीं सोचता कभी कोई भी बात जुल्म और ज्यादती के बारे में
अगर नहीं होती प्रेम करनेवाली औरतें इस पृथ्वी पर
स्त्री के साथ और उसके भीतर रहकर ही मैंने अपने को पहचाना है
उस अपने को जो हड्डियों और माँस के परे रहता है
और फिर भी शाकाहारी नहीं है
और जब वह मेरे लिए अंधड़ की तरह बिफरती है
तभी मुझे यकीन आता है कि मेरे भीतर जलती लौ बुझ नहीं सकती
क्योंकि औरत सिर्फ आग पर रोटियाँ ही नहीं सेंकती
खुद आग की हिरनी की तरह चौकड़ी भी भरती है
औरत का आग से रिश्ता बेबात नहीं होता
मैं जहर में डूबकर आऊँ या पराजय में धँसकर
औरत की आँखें मुझे कांच के गिलास की तरह धोकर
पारदर्शी बना देती हैं
और उसका गुनगुना स्पर्श खाली गिलास को
नशेवाली चीज से भर देता है।
उसकी बगल में लेटकर ही मैं भाप और फूलों के बारे में सोच पाता हूँ
और मुझे लगता है कि मृत्यु मेरा कुछ नहीं बिगाड़ सकती।"

इस अत्यंत सफल और शक्तिशाली कविता की विवृत्ति की जाय तो एक विराट भाव-पुंज में सन्निहित असंख्य अनुभूतियों की व्याख्या करनी होगी।

देवताले निकट के रिश्तों में ही भावात्मक दृष्टि से समर्पित नहीं हैं। कुल नारी के प्रति उनके मन में बेहद अपनापा है। देवताले की एक विलक्षण सामर्थ्यशाली कविता है-"औरत"। भारतीय नारी की सनातन कर्म-यातना का एक विराट चित्र आँकते हैं देवताले—

*"वह औरत आकाश और पृथ्वी के बीच
कब से कपड़े पछीट रही है
पछीट रही है शताब्दियों से
धूप के तार पर सुखा रही है
वह औरत आकाश और धूप और हवा से
वंचित घुप्प गुफा में
कितना आटा गूँथ रही है
गूंथ रही है मनों सेर आटा
असंख्य रोटियाँ
सूरज की पीठ पर पका रही है
एक औरत दिशाओं के सूप में खेतों को फटक रही है
एक औरत वक्त की नदी में
दोपहर के पत्थर से
शताब्दियाँ हो गईं
एड़ी घिस रही है
एक औरत अनन्त पृथ्वी को
अपने स्तनों में समेटे
दूध के झरने बहा रही है
एक औरत अपने सिर पर
घास का गट्ठर रखे
कब से धरती को नापते ही जा रही है
एक औरत अँधेरे में खर्राटे भरते हुए आदमी के पास निर्वसन जागती
शताब्दियों से सोई है।"*

इस विराट कर्म-यातना की पृष्ठभूमि पर यह अंतिम छंद—

*"औरत की अस्मिता और व्यक्तित्व के लोप का
एक औरत का धड़
भीड़ में भटक रहा है
उसके हाथ अपना चेहरा ढूँढ़ रहे हैं*

उसके पाँव जाने कब से
सबसे
अपना पता पूछ रहे हैं।"

यह नारी-यातना की महान दुखद कर्म-गाथा और उसकी अस्मिता के लोप की स्थिति देवताले के नारी-विषयक गहन व्याकुल सरोकार का प्रमाण है। संभवतः इस प्रकार की एकाध कविता भी समूचे व्यक्तित्व का महान आयाम प्रकट करने में समर्थ होती है। "औरत" कविता की आम औरत और "मेरा एक सपना यह भी" की कवि-पत्नी में अंतर नहीं है--यातना के छंद ने दोनों को समान रूप में बाँध दिया है और यह यातना-छंद देवताले की कतिपय कविता में विलक्षण दर्द और दंश उत्पन्न करता है। यह दंश "तुम्हारे शब्द" में आद्योपान्त व्याप्त है। "वह औरत" का चित्रांकन कवि की अपरिमित करुणा का परिणाम है।

देवताले ने "भूखंड तप रहा है" दीर्घ कविता में नारी के प्रति अपनी विलक्षण आदर-भावना को व्यक्त किया है जो औदात्य की सीमा तक पहुँचती है—

"औरत जो चंद्रमा और संगीत का शब्द है
औरत जो समुद्र है और समुद्र का नमक भी
औरत जो शब्द है और सपनों का छत्ता बनाती मधुमक्खी भी।"

इसी औरत का भारतीय समाज में जो आज की तारीख में भयावह हाल हुआ है उसका भी द्रवित करनेवाला विशद चित्रांकन देवताले ने किया है।

औरत की शक्ति और उसकी दारुण नियति का भी ऐसा ही प्रभविष्णु चित्र देवताले ने खींचा है :

"औरत अपने जादू से
हवा की दीवारें खड़ी करती रही
शताब्दियों से दीवारों के भीतर घर
घर के भीतर सपना
और अपने भीतर धमन भट्टी तैयार करती रही औरत
और चुप रहने की आग में जलती हुई
अपने जादू के फंदे में फँसाती रही

अपनी पारदर्शिता को दूसरों का भोजन बनाते हुए
और दूसरों की हिंसा को गुपचुप निगलते हुए
औरत झरने से चट्टान में तब्दील हो रही है
और उसकी दुनिया में हर दूसरे क्षण
आत्मा देह को हरी बत्ती का सिगनल दिखा रही है
रक्त-काल का महाभिषेक हो रहा है
काल-रात्रि भूख की जिह्वा निकाल कर
आग के नेत्रों से देख रही है।"

अध्याय-3

वैयक्तिक भावानुभूति के काव्यात्म क्षण

देवताले मूलतः एक समाज-प्रेमी, मनुष्य के साथ आत्मीय संबंध रखनेवाले कवि हैं। कभी वैयक्तिक संवेदन के क्षणों को भी उन्होंने काव्यात्म रूप देकर पाठक को साझीदारी के लिए आमंत्रित किया है। यह काव्यानुभव की साझीदारी होने के कारण पाठक सहानुभूति से उत्कट रूप में संवेदित होता है।

कभी अतिरेकपूर्ण वक्रता कविता को दुर्बोधता की सीमा तक ले जाकर कविता का पूरा प्रभाव कैसे खंडित करती है उसका उदाहरण है "नवम्बर में तैरती हुई आँखें" जो खण्डों में बहुत सुंदर होते हुए भी समग्र प्रभाव में बिखर जाती है। हाथ में इतना ही लगता है कि कवि के मन में प्रेयसी का सुंदर चेहरा, उसका सुंदर व्यक्तित्व, उसके प्रति आसक्ति की गंध, इन सबका एक उत्कट स्मृत्याभास—संस्मृत्याभास का यह निवेदन विलक्षण ताजा बिंबों से समृद्ध होकर भी प्रभाव को आकार देने में असफल रहता है। कथन-भंगिमा को शब्दों की मितव्ययता और वक्रता के मोह से संप्रेषण के लिए अपर्याप्त बनाया गया है। यहाँ ध्वन्यात्मकता और वक्रता का अंतर स्पष्ट हो जाता है। यह प्रवृत्ति देवताले में आरंभ में अधिक है, बाद में कुछ कम होती है। देवताले कुछ कविताओं में वक्रतापूर्ण कथन-भंगिमा का ऐसा प्रयोग करते हैं कि अर्थ-निष्पत्ति की समस्या न होते हुए भी काव्याशय पर कल्पना का बलात्कार जैसा लगता है (उदा. "नवम्बर का चेहरा", "तुम्हारे शब्द"।)

देवताले में प्रणय के संयोग-वियोग के क्षणों को उत्कटता और आवेग देते समय चीजों को कुछ विराटता और विस्तार देने की रोमानी प्रवृत्ति है "नवम्बर में तैरती आँखें", "तुम", "घर में अकेली औरत के लिए", "अंतिम दिन की अनुभूति", "पीले धुँधलके में" ("दीवारों पर खून में"), "तुम" (चार),

(''लकड़बग्घा हँस रहा है''), ''षड्यंत्र'' (''रोशनी के मैदान की तरफ'')। असल में यह रोमानी प्रवृत्ति अति वैयक्तिक अनुभव को सर्वस्पर्शी बनाती है और तीव्रता भी देती है। उदाहरण ये पंक्तियाँ–

''तुम्हारे आईने में मेरा चेहरा
कितना खुरदरा, बेस्वाद और कभी भय एकदम भय, विवर्ण लगता है
फिर तुम पहाड़ों को बुलाकर अपनी आवाज को मायावी करने
की बौछार से
पारदर्शी और शिशुवत बना देती हो एक पत्थर चेहरे को।''

लेकिन ये समस्त कविताएँ खासकर प्रेमानुभव की यातना की कविताएँ किसी न किसी स्थान पर गहराई से बिद्ध करने में समर्थ हैं। कुछ बीच में से उठायी हुई ये पंक्तियाँ–

''और एक अन्तहीन सड़क का सिलसिला आँखों में उतर जाएगा'' (''अन्तिम दिन की अनुभूति''), ''जब तीसरी रात बिस्तर पर होते हैं/ एक अन्देशा चादर की सलवटों में चुभने लगता है/जैसे बिस्तर में बारूद भर दी गई हो।'' (''तभी'') ''क्योंकि अब हर चीज़ एक्जिमा में बदल कर/परस गई है हमारे बीच।'' (''फिजूल है''–''लकड़बग्घा हंस रहा है'')।

स्त्री-पुरुष संबंध की सुखद गर्माती स्मृतियों के साथ संबंधों के टूटने और बिखरने के क्षणों को भी विविध प्रकार की अभिव्यक्ति देवताले ने की है (''फिजूल है'')। कविता-संबंधों की एक पूरी गाथा शब्दों में समेटी गयी है। देवताले का वैशिष्ट्य यह भी है कि वे लंबे समय और प्रचुर घटनाओं के निचोड़ को कविता में शब्दबद्ध करते हैं विलक्षण संकेतमय ढंग से–''फिजूल है'' इसका एक प्रमाण है। असल में औपन्यासिक रचाव को छोटी-सी कविता में ढालने का यह प्रयास हिंदी में अद्वितीय है। (संदर्भ भिन्न है परंतु ''महाबली क्षण'' इसी रचाव की एक महत्वपूर्ण कविता है।)

देवताले स्मृतियों के माध्यम से जीवन-चित्र खींचते हैं–लंबे समय को डिबिया में बंद कर फिर उघाड़कर दिखाने का करिश्मा-सा करते हैं कविता में (''दोपहर मई में'')। इसके लिए भी एक स्वस्थ रोमैंटिक मन चाहिए जो कल्पना से अनेकों क्षणों को जीवंत करता हुआ विलक्षण उत्कट संवेदना को

पुनरुज्जीवित कर सकता हो–

> *"स्मृतियाँ सोख लेती हैं धूप-गर्मी के कत्थई पठार*
> *सफेद समय के आकाश को बना देती हैं चौकड़ी भरता हुआ बादामी हिरण*
> *बिन ताज्जुब रहस्य हो जाता है नीला*
> *बातों का जंगल।"*

कवि के स्वस्थ रोमानी मानस का यह अप्रतिम अनुभव–

> *"मैं हँस रहा हूँ उस सबकी गंध के बीच*
> *जो इस बाहर की हकीकत को ध्वस्त कर रही है*
> *और उमचा रही है पहाड़ की वह दोपहर*
> *मेरे भीतर नदी में*
> *जब सारी चीजें, झरने तक*
> *स्तब्ध हो गये वे एक क्षण के लिए*
> *सिर्फ एक वह शब्द*
> *चिड़िया के बच्चों की तरह फुदक रहा था*
> *तुम से मुझ पर धुंध में।"*

"हमारे बीच" कविता भी ऐसा ही एक स्मृति-चित्र जीवन्त रूप में खड़ा करती है। ये पंक्तियाँ–

> *"तुम्हारे भीतर उस वक्त नावें चल रही थीं*
> *और मैं शहद के छत्ते में उलझता जा रहा था*
> *पूरी पृथ्वी हमारे चातुर्दिक*
> *एक नाद रहित्त लयकारी रच रही थी।"*

रोमैंटिक संवेदना से परहेज न रखनेवाला कवि ही ऐसी पंक्तियाँ लिख सकता है। असल में स्वस्थ रोमैंटिकता और कल्पना तथा अच्छी कविता का स्वस्थ रिश्ता जब हम समझेंगे तब कविता के लिए वह क्षण उर्वरा प्रसूति का होगा।

"तुम" (चार), ("लकड़बग्घा हँस रहा है") कविता में प्रेयसी की उपस्थिति में अपनी स्थिति की बड़ी रोमानी परंतु भावनात्मक नजरिए से यथार्थ

अभिव्यक्ति की गयी है। दीपा के मुँह में सेब प्रत्यक्ष घटना भी है और वह सेब जैसी अवस्था में कवि की अवस्था का भी निर्देश करती है। इस अवस्था की अंतिम प्रभावपूर्ण पंक्तियाँ हैं–

"तुम कितनी हिंसक
चीजों को चाक करती हुई
मैं कितना खुश
इस आग में नहाता हुआ।"

देवताले ने स्मृतियों में बचपन और बचपन की एक सहेली का स्मृति-चित्र खींचा है– *"काली जिसके जमादार पिता सफाई करते थे स्टेशन की/और जिसकी पपी लेने के कारण पिटाई हुई थी/कई बार उस लड़के की/क्योंकि वह बाबू का बेटा था/और मना करने पर भी/सौ बार चिपकता था/जाकर काली से।"* ("डिठौना था उसका नाम", "आग हर चीज में बतायी गयी थी") इसी काली से छूटने के बाद उसके भविष्य के कल्पना-चित्र से कवि व्यथित होता है। फिर बचपन की साथिन के सफेदपोशों द्वारा शोषण की कल्पना से बेचैन हो जाता है। स्मृति-चित्र बचपन की घटनाओं और व्यक्तियों का पुनःनिर्माण मात्र न होकर एक व्यापक तथ्य का प्रतीक बन जाता है। देवताले का वैशिष्ट्य है कि उनकी घटनाएँ अपने-आप में सीमित न रहकर व्यापक रूप ग्रहण करती हैं। मतलब यह है कि नितांत वैयक्तिक जैसा उनके पास कुछ नहीं रह जाता। सब कुछ व्यापक परिवेश में फैलता विस्तृत होता जाता है। घटनाएँ व्यापक और विविध स्तरीय वास्तविकता का प्रतीक बन जाती हैं।

देवताले मूलतः विपक्ष के कवि होने के बावजूद जनता, जीवन, मूल्य और प्रकृति के साथ संवाद-भावना से जुड़े हुए कवि हैं। उनका यह संवादभाव प्राकृतिक बिंबों के उपयोजन में स्पष्टतया लक्षित किया जा सकता है। (देखिए "षड्यंत्र", "रोशनी") मुख्यतः मनुष्य के विषम जीवन की यातना से जुड़ा हुआ यह कवि प्रकृति के प्रति भी बीच-बीच में उत्कट रूप में समर्पित होता है। "नवम्बर में तैरती हुई आँखें" के कुछ लघु संकेत-चित्र इस उत्कटता का प्रमाण देते हैं। "एक नदी" का प्रतीक संयोजन भी यही प्रमाणित करता है। असल में देवताले प्रकृति के प्रति संवेदनशील कुछ बाद में होते दिखते हैं।

जीवन-संघर्ष की उग्रता उन्हें संभवतः इतना स्वास्थ्य नहीं दे पायी कि "प्रकृति के सौंदर्योत्सव को भोग सकें" ("वसंत"–"लकड़बग्घा")। "दरख्त" देवताले की कविता में विभिन्न रूपों में बार-बार आते हैं परन्तु "लकड़बग्घा" में उनकी रचना "पेड़" हिंदी की एक अद्वितीय रचना है। आदमी और पेड़ के बीच के संबंध की विविध स्थितियों का संकेत करते हुए देवताले कविता को चरम उत्कर्ष पर ले जाते हैं–

"फिर भी आदमी बौना नहीं लगे
इसलिए पेड़ अपनी टहनियों को झुका देते हैं
और बच्चों को फल
स्त्रियों को फूल
और चाहने पर प्रेम के लिए छाँह के अलावा
थोड़ी-सी आड़ भी देते हैं।"

यह एक ऐसी सर्वांग सुंदर रचना है कि जो हिंदी आलोचना में स्वीकृत रोमैंटिकता और वास्तविकता के बीच के तथाकथित अंतर पर प्रश्नचिह्न लगाती है। असल में यह विरोध-भाव होता ही नहीं।

अध्याय-4

हालात की कविता और कविता में हालात

देवताले की कविता अपनी स्थितियों, अवस्थाओं और समय से बिद्ध होकर उन पर भाष्य करनेवाली और काव्यात्मक प्राणतत्व में उनको संक्रांत करनेवाली कविता है। देवताले की कविता समवेशक (इन्क्ल्यूसिव) कविता है। उनके व्यक्तित्व में अंतर या बाहर, वैयक्तिक या सामाजिक जैसा अंतर केवल सुविधा के लिए ही किया जा सकता है। उनकी कविता भी एक ही साथ अंतर्मुख भी होती है और बहिर्मुख भी। एक तरह से यह एक समग्र कवि-व्यक्तित्व है जिसके संवेदन में समकालीनता का अनेक स्तरीय और व्यामिश्र दस्तावेज अपनी सघन भावानुभूति के साथ व्यंजित हुआ है। एक तरह से आधुनिक महाकाव्यीय जीवनबोध देवताले की कविता से प्रकट होता है।

देवताले का प्रथम सरोकार सामान्य जनजीवन से है और उसी की समस्याओं से उनका मूल्यबोध भी निर्मित हुआ है। जनजीवन से तदाकार देवताले का स्वयं अपना जीवन भी सामान्य निम्न मध्यवर्गीय ही है जिसका उन्होंने कई कविताओं में उल्लेख किया है। (देखिए–"मैं कौन खास"–"आग हर चीज में बताई गई थी") लेकिन गरीबी और फटेहाली ने मन पर विकृत परिणाम नहीं डाला। इस जिंदगी की सामान्य-सी हलचलों और गतिविधियों का बड़ा प्रभावी शब्दचित्र देवताले ने कुछ कविताओं में दिया है–"शाम को लगभग पाँच बजे", ("आग हर चीज में बतायी गयी थी"), एक संवेदनशील सुसंस्कृत व्यक्ति में जिस तरह का अपराधबोध होना चाहिए वैसा कवि में भी है–

"सड़क को एक साथ हरम और हमाम की
तरह वापरती औरतें

वह चक्की से बेखबर
डूबकर इस दुनिया में
बहुत दयनीय और अपराधी हो गया है
अपने भीतर।"

खुले में एक बलात्कार का दृश्य चित्रांकित कर देवताले आसपास के पुरुष-समाज की आदत से बनी मोटी चमड़ी का संकेत करते हुए कविता को एक विलक्षण गहरे धरातल पर एकदम ले जाते हैं–

"लड़कियाँ हाथ का काम छोड़
खड़ी हो गयीं–शायद अपना भविष्य सोचते
कबूतर उड़ गया और वह औरत
पृथ्वी को मथ रही थी
कोसते हुए जनम और जिन्दगी को
आकाश के चिथड़े नोंच रही थी।"

नारी की विवशता और असहायता का एक करुण चित्र खड़ा होता है। यातना और शर्म की बात यह थी कि कवि–"पत्थर के आदमी की तरह देखता रहा सब कुछ, हस्तक्षेप के अहाते के बाहर खड़ा-खड़ा।"–एक जड़ता, निष्क्रियता, विवशता और भय के बीच लरजती जिंदगी का यह टुकड़ा, ठोस, पथरीला, खतरनाक। एक मध्यवर्गीय संवेदनशील कवि आज के हालातों में दिन में सौ-सौ बार गोली लगकर मर जाता है। "हैरत से मर जाना" कविता में, जो कुछ-कुछ कवितेतर तर्क पर आधारित अधिक लगती है, आज के हालातों का बयान है। असल में संवेदनशील चिन्तक कवि समूचे आपराधिक माहौल में जो थोड़ी-सी भी सुविधापरक जिंदगी जी रहा है, एक अपराधबोध-सा महसूस करता है। कवि अपने कवि-कर्म के उद्देश्यों, प्रयोजनों, प्रेरणाओं या साधनों पर विचार करता हो या कविता की सफलता-असफलता पर, अपरिहार्य रूप में जिंदगी के हालातों का चित्रमय वर्णन करता ही है। देवताले का वैशिष्ट्य यह है कि उसका वर्णन न सपाट होता है, न केवल ऐंद्रिय बिंबधर्मी भाषा से समृद्ध। वह प्रायः यह प्रतीति देता है कि कवि झुलसा हुआ है, लहूलुहान हुआ है। यहीं पर देवताले अन्य तथाकथित प्रतिबद्ध कवियों से अलग पड़ते हैं और कविता के नाम पर अखबारों का अम्बार प्रस्तुत करनेवाले सूचनाधर्मी कवियों

से बिल्कुल भिन्न लगते हैं। दूसरा वैशिष्ट्य यह भी कि यह यातना-भोग केवल शब्द-वमन नहीं होता, भाषा से लेकर संरचना तक कवि कल्पनाशक्ति से काव्यात्मक ढंग से रचित होता है। एक शिक्षित और सभ्य व्यक्ति और एक जमीन से जुड़े देहाती के बीच का अंतर रेखांकित करते हुए देवताले "समुद्र की दिशा में" कविता में स्वीकार करते हैं कि "इस वक्त उसी आदमी का है समुद्र और जंगल।"

हालातों की कविता लिखते समय आरंभ में देवताले वचन-वक्रता का कुछ जरूरत से ज्यादा ही उपयोग करते हैं और मितव्ययता के नाम पर कविता में कुछ रहस्यमय वातावरण पैदा करते हैं (हड्डियों में छिपा ज्वर की कुछ कविताएँ—"तरतीब के नाम पर", "शंख होते हुए", "यह घड़ी में चाबी भरने का वक्त है", "बहरेपन के अभिनय में", "प्रतीक्षारत आँखें", "बाद के लिए", "हँसी के पीछे")। असल में "खिलाफत के विरुद्ध" में देवताले जो कविता-प्रतिज्ञा कर रहे थे—चालक भाषा के विरोध में, उसी के आंशिक रूप में शिकार स्वयं वे थे। सौभाग्य से यह स्थिति बाद में क्षीण होती गयी। कथ्य की ताकत का भरोसा होने पर जो सफ़ाई आती है, वह देवताले की कविता में आने लगी।

देवताले ने अपनी "बायीं ओर मुड़ने" की प्रतिज्ञा स्पष्ट की। अपनी प्रतिबद्धता की बात भी घोषित की, कविता के केन्द्र में कौन व्यक्ति और वर्ग होगा और किस वर्ग और व्यवस्था पर प्रहार किया जायेगा, इसको भी स्पष्ट किया। अपनी क्रांतिकारी रुझान को स्पष्ट करते समय आदर्श में निष्ठा भी व्यक्त की। ("पत्थर की भाषा यदि आँखों में है तो कहीं दूर झरना भी होगा") देवताले के सामने पक्ष-विपक्ष साफ थे और वे अपने को विपक्ष में बेहिचक गिनते थे ("खिलाफत के विरुद्ध")। व्यवस्था के विभिन्न चेहरों और उसको मजबूत करनेवालों की पोशाकों के बारे में देवताले के मन में शुबहा नहीं है और इसीलिए उनकी भाषा में गोलियों की वर्षा करने की आवाज है—हिंदी में धूमिल के बाद, देवताले की भाषा में ही वह गोलीमार ठाँय-ठाँय सुनाई देती है। कहीं तो वक्रता की अदा और अमूर्तीकरण भाषा को गाली के स्तर से अलग करता है ("कुत्ता भौंक रहा है," "वाक्या ई.")

पहले कविता-संग्रह में ही ("हड्डियों में छिपा ज्वर") देवताले का राजनीतिक रुख स्पष्ट हुआ है। वर्गीय नज़रिया साफ है। "बैठक" कविता में बुर्जुआ समाज की मानसिकता और शोषित समाज के प्रति उनके ठोस दुखों के विरोध में दुख के लिए जिम्मेदार वर्ग, व्यवस्था, सत्ता और व्यक्तियों को कोसता रहता है, व्यंग्य करता है, धमकाता है, मज़ाक उड़ाता है। लेकिन इस सारे प्रयास में कवि का अपना शुरुआत का अहम् काव्य-प्रभाव को बिखेर देता है—अहम् यह कि मैं कितने मौलिक ढंग से अपनी बात को प्रस्तुत कर रहा हूँ। बहुत विलक्षण काव्यात्म प्रसंग और पंक्तियाँ और शब्द-संयोजन के उपादान अपेक्षित प्रभाव नहीं पैदा करते। संभवतः ये कवि की अपनी पहचान के दिन थे।

देवताले की कविता में स्थापितों, प्रतिष्ठितों और सत्ताधीशों के प्रति जबर्दस्त घृणा, नफरत, गुस्सा और खीझ है। बहुत बार कवि की प्रतिक्रिया हिंसा पर उतर आती है। इसी के साथ सामान्य मेहनतकशों के प्रति अपनापा है और उनके गुस्से, हिंसा, खीझ की नपुंसकता भी व्यक्त होती है ("खाकी इमारत", "परदा", "कब", "तरतीब के नाम पर", "चिथड़ा जवाब", "वह रौबदार आदमी", "सवारी की प्रतीक्षा के खाली समय में", "लकड़बग्घा हँस रहा है", "यह विषय कठिन नहीं है")। कुछ कविताओं में नेताओं पर व्यंग्य भी किया है ("युवा विधायक")। स्थापितों के प्रति विलक्षण घृणा और गुस्सा देवताले का लगभग स्थायी भाव है जिसे "महामहिम विदा" में वे कुछ धीमी व्यंग्यात्मक भाषा में व्यक्त करते हैं। "इनकमटैक्स ऑफिस" में उच्च पदाधिकारियों और नवधनाढ्यों की अनैतिक साँठ-गाँठ का पर्दाफाश करते हैं—

"आयकर अधिकारी की गंभीरता और धनाढ्यों की अभूतपूर्व विनयशीलता
के इस संगम का जादुई असर है ऐसा
कि छायाओं में तब्दील हो जाती है चीजें
कि कोई भी हड़बड़ी नहीं करता यहाँ
सिर्फ कागज़ सरकते हैं केंचुए की तरह और बजती हैं घंटियाँ।"

देवताले की वर्ग-दृष्टि प्रखरता से सजग रहती है और वर्गीय स्वार्थों के

विविध पहलुओं पर वे चौतरफा हमला करते हैं, शासक, सत्ताधीश, नवधनाढ्य, नौकरशाह सभी के करतबों को एक्स-रे से उघाड़ते हैं (''हार्ट पावर नंगे बस्तर को कपड़े पहनायेगा'')।

देवताले ने कई जगहों पर भारतीय लोकतंत्र और शासकीय यंत्रणा पर कटु टीका-टिप्पणी की है। ''पोलियोग्रस्त बच्चे की सवारी'' में यह व्यंग्य कुछ गहरा हुआ है। प्रतीकात्मकता के सहारे महान आशय को संकेतित करने और उसे प्रतीतिकर बनाने में देवताले सफल हुए हैं। प्रतीक-प्रणाली को नाट्यमय बनाने से कविता में न केवल एक अजीब-सी रंगत आयी है, बल्कि अर्थों के अनेक स्तरों को टोहने से व्यंग्य-गरिमा भी बढ़ गयी है। इतिहास-पुरुष, लोकतंत्र भारतीय जनता, उच्च वर्ग के शासक नेता, उनकी मक्कारी और ढोंग सभी का एक प्रचण्ड चित्र कविता में साकार होता है। लगभग इसी थीम पर लिखी एक कविता है—''सवारी की प्रतीक्षा के खाली समय में।'' देश की जनता का भेड़-चरित्र उजागर करती हुई हाथी-पीठस्थ वर्ग की ताकत को रेखांकित करती है यह कविता। ''कीचड़ की दीवार'' (''रोशनी के मैदान की तरफ'') में कवि की दृष्टि से लोकतंत्र और शासन की स्थिति पर वक्रतापूर्ण टिप्पणी करते हुए कवि सद्यःस्थिति से अवगत कराता है। सामाजिक-राजनैतिक जीवन की कतिपय असंगतियों और विषमताओं को उद्धृत करता है। कवि का प्रश्न है—''एक चॉक से कीचड़ की दीवार पर मैं कैसे और क्या लिख दूँ?'' ''किफायती अटकलें'' (''रोशनी'') भी इसी प्रकार का कथ्य प्रकट करती है। कवि इसमें भाषण- शैली का प्रयोग करता है। इसी शैली में (''नहीं है ईमान का महकमा कोई'', ''चीख के बारे में'', ''यह जाते दिसंबर की आवाज़ है,'' कविताओं में कवि समाज-स्थिति की असलियत को दोहराता रहता है। भीषण स्थिति में कवि न केवल भाषण-शैली पर उतर आता है, वह दुहराने का दोष भी स्वीकार कर अपनी बात को मनवाना चाहता है—''मैं कहूँगा और कहूँगा बार-बार/यदि दोहराने का आरोप हो मुझ पर तो मैं उसके लिए भी तैयार।'' चुनाव इत्यादि के अवसर पर सुनहरे भविष्य का सपना बेचनेवाले और सत्ता के हाथी के लिए आपस में झगड़ा कर देश का सत्यानाश करनेवाले राजनैतिक पक्षों की वास्तविकता पर ''वो पाँचों और हम सब'' में (''रोशनी'') भरपूर व्यंग्य की बौछार मात्र की गयी है। ''प्रहसन के प्रारंभ होने के पूर्व ही'' (''रोशनी'') भी इसी विराट राजनैतिक धोखेबाज़ी का पर्दाफाश है।

स्वातंत्र्योत्तरकाल में पूर्ववर्ती राष्ट्रीयता के उग्र भाव के मात्र त्याग और शहादत की परंपरा की स्मृति खत्म हो गयी है। यहाँ तक कि तथाकथित स्वातंत्र्य सैनिकों की स्थिति भी कुछ ऐसी ही है। स्मृतियों के मरने का आतंक सिर्फ "खाली जगह नहीं है" का केन्द्रीय काव्यानुभव है।

"सवाल-जवाब" अपने खास ढंग की एक लंबी कविता है जिसमें विधान सभा या संसद में प्रश्नों के उत्तरों को लेकर कटु व्यंग्य किया गया है। राजकर्ताओं की सर्वांगीण बदमाशी को यह कविता मूर्त करती है। कवि अंत में आह्वान करता है—

"करोड़ों लोगों के सपनों की ऐसी-तैसी में
डण्डा करते रहते हैं कब तक देखते रहोगे करोड़ों लोगो
इस भद्दे नाटक को
इसका परदा आप से आप गिरनेवाला नहीं
साथियों
मंच सहित उखाड़ना होगा
इस ताम-झाम कंपनी को।"

कवि का लोकतंत्र के खिलाफ रुझान स्पष्ट है।

"भूखण्ड तप रहा है" में यह राजनैतिक माहौल अधिक तीखे रूप में व्यक्त हुआ है—

"ताकतवर लोग
उसके ही आदमियों से खरीद रहे हैं ताकत अपने लिए
और सरकार की बगल में खड़े हो
अट्टहास कर रहे हैं
सरकार भी सरकार बनने के लिए
झौंकती है दोनों की दुनिया में
फिर मुट्ठी-भर दाने छितरा कर
लड़वा देती है आपस में
और एक नाजुक मौका देख माँगती है ताकत
उन करोड़ों कमजोर लोगों से

जिनकी आँखों में जलता हुआ जंगल
नींद में रोटी छीनते कुत्ते
पाँवों में घास पर जमी हुई फफूँद चेहरों पर यातना का खुदा हुआ रोजनामचा है
सारी दुनिया को देकर अपनी ताकत
वे नहीं जानते ताकत क्या है
खड़ी करके सरकार पूछते हैं सरकार कहाँ है।''
—''चन्दन का व्यापारी समझ
भेज दिया मिट्टी की हार में
कोयले के दलोली को
इस सूखे दौर में
सफेद होकर उड़ते हुए दिखते हैं
और नहीं भी दिखते हैं।''

माँ जैसी धरती ने आदमी को उदारतापूर्वक सब कुछ दिया परंतु वह आदमी नाम का कीड़ा अपनी धरती माँ का ही मांस और रक्त खा-पीकर उसे ही नष्ट करने पर तुला हुआ है। ''भूखण्ड तप रहा है'' में आज की मूल्यहीन पतनशील दुनिया का एक ठोस अनेक आयामी चित्र प्रस्तुत किया है देवताले ने। इसमें प्रयुक्त लाक्षणिक भाषा ने खासकर प्रतीकात्मक भाषा ने राजनैतिक स्थितियों का जो संकेत किया है वह कवि की भाषिक शक्तिशाली क्रीड़ा का प्रमाण है।

''अंत नहीं हो रहा है'' कविता में देवताले वर्षों से चली आ रही समाज-स्थिति की जड़ता और उसकी नींव में स्थित अनेक प्रकार के अंधविश्वासों को उघाड़ते हुए एक कवि की विवशता का संकेत करते हैं—

''मैं जानता हूँ पीले आईने में जलती लाल आँखों का
आक्रोश कोई भूकम्प नहीं ला देगा
दुनिया सिर्फ कपड़े बदलती रहेगी और संसद का गुलगपाड़ा मुझे
उस सड़क पर फेंक देगा जहाँ कविता जूतों के नीचे
रौंदी जाकर मेरी छाती में फफोले की तरह उमच आएगी।''

कविता का स्वरूप और कवि की विवशता को आवेशमयी वाणी में

अभिव्यक्ति देनेवाली कविता बहुत कुछ ''वक्तृता'' के अतिरेक में प्रस्तुत की गयी है परंतु कवि की वचन-वक्रता और उसमें व्यक्त हुए अनेक ऐतिहासिक, पौराणिक और धार्मिक संकेत कविता को नीरस नहीं बनाते।

''फिलवक्त'' में कस्बे के कुछ घटना-चित्रों के माध्यम से देवताले ने न केवल दरिद्रजन और नफाखोरों के बीच के कंट्रास्ट को उभारा है बल्कि अनेक खण्डचित्रों की दृश्यावली से ''वक्त'' का एक दुखमय छंद रचा है। ''सुबह हमसे बाहर हो रही थी'' (''रोशनी के मैदान की तरफ'') में कवि स्वयं कहता है कि ''पानी जैसी प्रकृति चीज पर भी सबका अधिकार नहीं, कुछ चुनिंदा लोगों के अधिकार हैं।'' ''लकड़बग्घा हँस रहा है'' कविता भारतीय वर्ण-व्यवस्था के टीसते भयावह कैंसर से जख्म की सड़ियल बदबूदार स्पर्धा को उछालती हुई उच्चवर्गीय शासकीय नेतृत्व के साथ हर उच्चवर्गीय व्यक्ति के मन में कहीं गहरे में स्थित छद्म पर प्रहार करती है। लकड़बग्घा अमानवीय व्यवस्था, जिसके राजनैतिक नेतृत्व, शासकीय सत्ता, न्याय-व्यवस्था और वर्ण-व्यवस्था की विषमता इत्यादि आयाम हैं, प्रतीक है और इस प्रतीक की अनेकांगिता और धारदार व्यंगात्म सशक्त कविता के प्राण हैं।

देवताले की नज़र जीवन और जगत् के बीच घटनेवाली छोटी-छोटी घटनाओं के बीच का कंट्रास्ट खोजती हुई विषमता को उघाड़ती है और एक बेचैन करनेवाला किरकिरा स्वाद पाठक को भेद देता है—सोलह दिसंबर को उज्जैन जाते (''आग हर चीज में बतायी गयी थी'') कभी कुछ ऐसी ही घटनाओं में मनुष्य की क्रूरता और जीवन-स्थिति की हिंस्रता को देवताले रेखांकित करते हैं—''लाल कलगीवाला मुरगा'', ''ट्रक में बकरों का लदान'', ''बकरों के साथ सलूक के बारे में'', ''यह विषय कठिन नहीं है'' (''आग हर चीज में बतायी गयी थी'')।

संस्कृति की हिफाजत और मूल्यों की रक्षा के लिए जिम्मेदार माना जानेवाला मध्यवर्ग और उसका चौतरफा छद्म और ढोंग देवताले की कविता का एक साथ अनुभव-क्षेत्र है। ''महाबली क्षण'' तथाकथित बुद्धिजीवियों की हालत पर करारा व्यंग्य है जो आपातकाल के समय उजागर हो गयी थी। ''रास्ता'' जैसी कविता एक मध्यवर्गीय कवि की वास्तविकता और उसकी कविता के बीच का रिश्ता व्यक्त करती है।

मध्यवर्गीय जीवन में प्रत्यक्ष में तो सब घोर परिश्रम और उदासीनता ही है। आदमी फिर भी खुश रहने का और उज्ज्वल भविष्य के सपने देखने का प्रयास करता है। "सपने" में ऐसे ही सपनों का जिक्र है।

भारतीय न्याय-व्यवस्था की क्रूरता को स्थान-स्थान पर देवताले ने व्यंग्य का शिकार बनाया है। एक काला कोट पहनकर अन्याय करते रहनेवाले जज की मानसिकता "किसने काला कोट तय किया होगा" ("आग") में देवताले प्रस्तुत करते हैं—"बीस साल में एक भी दिन मैं हंस नहीं बन पाया/शब्दों के कोल्हू के बैल की तरह खटता रहा/आँखों पर सत्य की पट्टी बांधकर/पर न्याय का तेल नहीं निकाल सका एक भी दिन।"

आदिम मनुष्य जीवन की ऐंद्रिय उत्कटता और आवेगों से भरपूर जिंदगी तथा औद्यौगिक सभ्यता के बीच की जिंदगी के अनेक स्तरीय विरोधाभास "भूखण्ड तप रहा है" कविता का केन्द्रीय भाव है। इसमें दो सभ्यताओं के बीच के क्रौर्य का अंतर दिखाते हुए आधुनिक सभ्यता की ठंडी पीली हिंसा और मूल्यभ्रष्ट छद्म का पर्दाफाश किया है देवताले ने।

एक वैयक्तिक हादसे के माध्यम से स्थितियों के आतंक को देवताले वाणी देते हैं—

"दोनों ऊदबिलावों में से
एक को पूँछ और दूसरे को मूँछवाला हिस्सा थमा
चालाक सियार चाँप गया था रोहू का सबसे स्वादिष्ट हिस्सा
मक्के की रोटी को काँदे से चबाते हुए
त्रिभुवन ने चूल्हा फूँकती माँ को सुनाया था किस्सा
तभी खबर लेकर आए थे पिता तहसील से हाँफते
कचहरी में हार गए मुकदमा
पुश्तैनी जमीन का आखिरी टुकड़ा
जमींदार के जबड़े में समा गया।"

देवताले की कविता में न्याय-व्यवस्था के स्रोतों और प्रणाली पर बार-बार प्रहार मिलते हैं—क्या त्रिभुवन के इस अनुभव से उसका निजी संवंध है?

स्वाभविक था कि

"स्मृतियों का पहाड़ अब नहीं नीलमणि
चट्टानों से आवृत्त
केवल घूरा है
और उदास यह भीमकाय
समुद्र और बारूद के रिश्ते से अपरिचित नहीं बताएगा वैसा
भाग्यपुराण
वंशावली का ब्यौरा हर किसी को
कि पूर्वज तुम्हारा राजा या गोंडों की बस्ती में दुन्दुभी
बजाता था या मृदंग छेड़
पसेरी से नापता था टंके
परदाब की मूँछों का वह नहीं है
गोदने गुदे हाथ चिबुक
जंघाओं तक हरी कच्च
रेखाओं में खिले
उमचे गेंदे के फूल
यहाँ है धूल-धस्सर में धंसी दुकानें चिबड़े की
गादियों पर लेटे अजगर।"

यह संसार बहुत खतरनाक, भयावह और नरक-यातना देनेवाला हो गया है। और इस नरक-यातना का मूल—"जहर की गाँठ" ("पृथ्वी की अंतड़ियों में नहीं है धँसी जहर की गाँठ/जहाँ है वहाँ आरी या हीरे से नहीं कह सकेगी कट/अपशब्द के बूते की भी नहीं शायद/वह कातिल मस्तिष्कों से होती हुई/समय की मनपटी तक एक खतरनाक यात्रा है")।

कवि की चिन्ता का विषय है—आदमी : "वे कौन-सी चीजें हैं जो आदमी को आदमी नहीं रहने देतीं?"—उत्तर में कहते हैं "जो गाड़ रखता है खजाना वही/रचता है कहानी साँप की।" विषमता का एक सामूहिक चित्र देते हैं और उत्तर धुँधला-सा पाते हैं—

"दिन के उजाले में भी
थोड़े-से और उजाले की प्रतीक्षा है मनुष्यों को
उसी उजाले के बिना कैद है बच्चों तक की खुशी
कसी ठुकी अब तक घोड़ों की नाल में।"

आदमी की हालत

देवताले की कविता का केन्द्रीय विषय ही आदमी की हालत है परन्तु कुछ कविताओं में यह विषय काव्यानुभव के केन्द्र में है। "लकड़बग्घा हँस रहा है" कविता-संग्रह में ऐसी कविताएं अधिक आयी हैं। "इंतजार" में आदमी की प्रति-आघात करने की असमर्थता का तीव्र बोध है, "दुर्घटना" में कला के प्रति समर्पित निरीह व्यक्ति पर होनेवाले भयावह आक्रमण का चित्र है। "प्रतीक्षा" में अन्तर्यात्रा के माध्यम से पीड़ा का बोध कराया गया है, "इस पठार पर" कविता में श्रमिक निर्धन लोगों की फटेहाल जिंदगी का चित्रण है। देवताले ने इस संग्रह में कुछ ऐसी कविताओं को शामिल किया है जो एक घटना के माध्यम से आदमी की खतरनाक स्थिति को व्यंजित करती हुई परिवेश की जकड़बंदी का भी संकेत करती हैं। "शाम को सड़क पर एक बच्चा" कविता में एक स्कूल के गरीब बच्चे के गिर जाने के प्रसंग को लेकर रची कविता मानवीय करुणा के साथ मानव-निर्मित परिवेशगत क्रूरता का संकेत करती है। एक वृद्ध आदमी का सनातन दुख, जो लड़के के पीठ फेरने के कारण पैदा होता है, "बच्चे के खो जाने के बाद" का अनुभव है तो लड़के की शिकवा-शिकायत और कैफियत—"हम चुपचाप खोये" में अंकित है। दोनों कविताओं को पढ़कर सामने आती है आदमी की दयनीय हालत जो एक की भी है और सब की भी। ऐब आदमी में कम, उसकी स्थितियों में है और हमारी दृष्टि प्रायः एकांगी होती है।

भारतीय मनुष्य की लगभग यह स्थिति है कि वह जीवन-भर एक साबुत घर की तलाश में जिंदगी काटता है और वह तलाश कभी सफलता के सुखमय क्षण उसे नहीं प्रदान करती है—"एक साबुत घर के लिए" के कवि की यह शिकायत है और अपनी कविता से वह सपने पूरे करने का आकांक्षी है परंतु स्थितियाँ पूर्णतः विपरीत हैं।

भारतीय आम आदमी की दयनीय जिंदगी के कतिपय संकेत-चित्र देवताले की कविताओं में स्थान-स्थान पर आये हैं। परंतु "सबसे जरूरी काम" ("आग हर चीज में बतायी गयी थी") जैसी कविता इसी विषय को समर्पित है। औरतों, बच्चों, दलितों की हर दिन की यातना के प्रति देवताले अपने निषेध और गुस्से को बार-बार व्यक्त करते हैं। इतना ही नहीं, आज के हालात में कवि की संवेदना के जड़ीभूत होने के खतरे के खिलाफ भी वे सावधान हैं–

"प्रजातंत्र की रथयात्रा निकल रही है
औरतों और बच्चों को रौंदा जा रहा है
गुंडों और चोरों की ताकत से हतप्रभ लोग
खामोश खड़े हैं
मैं भी खामोश खड़ा हूँ और काँप रहा हूँ
और ताप रहा हूँ और बचा रहा हूँ ठिठुरने से
अपनी आत्मा को
शायद यही है इस वक्त का सबसे जरूरी काम।"

मध्यवर्गीय बुद्धिजीवी अपनी आत्मा को गिरवी रखकर शासकीय हिंसाचार का साथ देने को विवश हैं संचार माध्यमों में काम करने को–

"मैं संस्कृति के घिसे हुए जूतों का फटा हुआ तलुआ
घबराये फँसे हुए मनुष्यों की
भीख पर पड़ा
बच्चों के नंगे पाँवों के निशानों के बीच में क्या जवाब दूँ।"

उसकी आत्मा पूरी तरह जड़ तो नहीं है–

"मुझमें अभी तक भी है जीवित मनुष्य का खून
अरुण और श्वेत रक्तकणों का है
विद्युत प्रवाहित ताना-बाना।"

परंतु अपनी मजबूरी के कारण जो संकल्प वह दुहराता है, आचरण में नहीं ला सकता। वैसे यह आत्मिक छटपटाहट जो "माइक्रोव-टॉवर के पीछे से" में व्यक्त हुई है, प्रायः सभी बुद्धिजीवियों का अनुभव है। बुद्धिजीवी वर्ग की आत्मिक छटपटाहट और अपराधबोध की सालती पीड़ा देवताले की अनेक

कविताओं में व्यक्त होती रहती है। "बचाव का पत्थर" में वह केन्द्र में है–

> *"क्या यह अपराध नहीं है कि तुम शामिल नहीं हो*
> *उनकी भूख और नंगेपन में*
> *अपने पेट और अपनी देह के साथ*
> *जिनके लिए तुम्हारे भीतर आग का लावा दौड़ता रहता है।"*

हिटलरशाही के बदलते रंगों में बुद्धिजीवी आदमी की हालत का एक वास्तविक चित्र है यह।

आदमी की हालत का चित्रण देवताले ने एक और सशक्त कविता में किया है–"बैल की परछाई में गड्ड-मड्ड चेहरा"। आदमी सामाजिक व्यवस्था के तहत कितना जड़ हुआ है, इसका प्रभावकारी चित्र है यह। कवि सोचता है–

> *"कब बगीचे के कंधों पर*
> *फव्वारा बन झपटेगी उसकी नाराजगी*
> *या कब सपना देखेंगी उसकी आँखें–वह बीवी-बच्चों के साथ*
> *पी रहा था*
> *अपने खून पसीने से तैयार किए लान पर।"*

परंतु उसका चेहरा बैल की भाँति ही गड़मड़ हो गया था। भारतीय देहातों में श्रमिकों की चरम जड़ता का यह चित्र एक आदमी का है। परन्तु आम भारतीय श्रमिक जन का भी है।

"हरिश्चन्द्र" नामक कथात्मक कविता में ईमानदार और स्वाभिमानी आदमी को आज की बाजारू संस्कृति और छद्म मूल्य-व्यवस्था में जो शोकान्त परिणति होती है, उसकी ओर सशक्त संकेत है।

"रोशनी के मैदान की तरफ" और "आग हर चीज में बतायी गयी थी" में देवताले ने छोटी कथाओं के द्वारा आम आदमी की हालत का ब्यौरा दिया है : ("करतबबाज", "बिना किसी तानाशाह की तस्वीर के", "डिठौना था उसका नाम"।)। कभी मुर्गी या बकरी के बहाने आदमी के जगत् की क्रूरता का संकेत किया गया है ("लाल कलगीवाली मुर्गी", "ट्रक में बकरों की लदान", "बकरों के साथ सुलूक के बारे में।")

अध्याय-5

आदिम ऐंद्रिय बोध के कवि

देवताले एक सामाजिक राजनैतिक स्थितियों से बिद्ध और आहत मानस के चिन्तनशील कवि हैं परंतु आश्चर्य की बात यह है कि आदिम जीवन के ऐंद्रिय बोधों के प्रति उनका जन्मजात आकर्षण अंत तक कायम रहा है। वैसे उनकी प्रायः अनेक कविताओं में--बिंबों, प्रतीकों एवं भाषिक हरकतों में यह आदिम आकर्षण स्थान-स्थान पर प्रकट होता है। देवताले मूलतः अपनी मिट्टी, जमीन और मूलधातु के कवि हैं। नगर और आदिम जीवन के बीच का तनाव और उसमें हारती हुई आदिम भाषा देवताले की व्याकुल सोच का विषय है जो बार-बार आदिम जीवन के बिंबों से प्रतीकित होता रहता है। जनजीवन एवं अपनी मध्य प्रदेश की भूमि इन्हें सबसे अधिक प्रिय है। देवताले की एक विलक्षण प्रभावपूर्ण कविता है ''एक आदमी''। देवताले की कविता का केन्द्रीय तनाव इस कविता में प्रभविष्णु ढंग से प्रकट होता है। पूरी कविता एक कठिन तराशे हुए हीरे की तरह अद्भुत सौष्ठववान है। संपूर्ण उद्धृत करना ही उचित होगा।

एक आदमी :

''एक आदमी कुएँ की जमीन पर
पाँव टेके खड़ा है
कितने बड़े एकान्त में
एक आदमी अकेला
ताज़ी बिखरी हुई
काली मिट्टी के खेतों के बीच
बादलों की रंगबाज़ी भाँपता

अनंत हरियाली को
दोनों आँखों की ओक से पीता हुआ
ढोर-डंगर एक भी नहीं
एक भी उड़ता परिन्दा तक नहीं
आकाश में कितने भारी-भरकम बादल
और सिर्फ वह एक आदमी
बीच-बीच में अँगुलियों से अपनी मूँछों को जाँचता हुआ
मैंने ट्रेन की खिड़की से इतना ही देखा
और दहशत से भर गया
उसने एक उड़ती-सी नज़र डाली
और बादलों की रंगबाज़ी में उलझ गया
मेरी गाड़ी इस तरह धड़धड़ाते गुजर गई
जैसे उसके अनन्त विस्तार में से
एक मक्खी उड़ गई।"

वैसे अभिधा के स्तर पर यह कविता नागर जीवन और आदिम जीवन के बीच का तनाव व्यक्त करती है। परंतु रेखांकित पंक्ति कुछ अधिक कहती है। वहाँ कवि ट्रेन में बैठा है परंतु इस गतिशील जीवन की आपाधापी में उसे खींच रहा है उस निस्संग और अकिंचन अकेले आदमी का जीवन-बोध जिसके सामने समस्त वैज्ञानिक और औद्योगिक प्रगति मक्खी है। वह अकेला आदमी जैसे कवि चंद्रकांत देवताले का ही "भूत" है जो बाहर खड़ा है या वांछित जीवन का रसरसाता बिंब है जिसके खिसक जाने से कवि अपार पीड़ा और दहशत से भर गया है।

यह कविता मुझे देवताले की ही नहीं तमाम इधर की कविताओं में एक श्रेष्ठ कविता लगती है। देवताले मानो अपनी कविताओं में उस अकेले आदमी के आदिम जीवन के मस्तबोध को अपनी ऐंद्रिय आदिम भाषा के माध्यम से छूना चाहते हैं।

"समुद्र की दिशा में" ("लकड़बग्घा हँस रहा है") कविता इसी तरह का प्रभाव उत्पन्न करती है। देवताले की एक विलक्षण सुंदर कविता है "पेड़"

("लकड़बग्घा") जो देवताले की प्रकृति के प्रति वैदिक प्रार्थना-सी आस्था को अभिव्यक्त करती हुई पाठक को चिन्तन और चिंता दोनों की ओर खींचती जाती है।

देवताले की आदिम जीवन की कशिश "छिपी हुई चीज" ("रोशनी के मैदान की तरफ") में बड़ी उत्कट जिजीविषा के साथ प्रकट हुई है। यह कविता कवि के कल्पनाशील बहुरूपियेपन को व्याख्यायित भी करती है और उसके अपने आदिम सरोकारों को भी।

आदिम जीवन के साथ रिश्ता जमीन के प्रत्यक्ष संबंध से पैदा होनेवाला रिश्ता है और देवताले अपनी जमीन के प्रति किसी भी तरह अनिश्चय में नहीं हैं—"धरती पर" कविता में इसी बात को वे कहते हैं—

"सूरज को कन्धे पर लादकर
जा सकते हैं हम समुद्रों के पार
हम हवा को जेबों में भरकर
पहुँच सकते हैं
धरती के किसी भी हिस्से में
पर अपनी जमीन को
उखाड़कर हम कहीं नहीं ले जा सकते
किसी दूसरे आकाश के नीचे
पुनर्वास होता है मनुष्य का धरती पर
पर, धरती विस्थापित नहीं हुई
मनुष्यों से आज़ तक।" ("आग हर चीज में बतायी गयी थी")

इसका खुलकर इज़हार "बूढ़ी दुनिया" कविता में हुआ है। औद्योगीकरण से ग्रस्त ग्राम्य जीवन और प्रकृति पर हुए बलात्कार की पीड़ा का दुख वे स्थान-स्थान पर व्यक्त करते हैं और आदिम स्वाद, प्राकृतिक चमक, त्वचा के संकेत-स्पर्श, जिस्म की भाषा, गायों के गुनगुनाते दूध का स्वाद इत्यादि के अभाव में उन्हें पसीनों के बूते पर तेज हुई दुनिया बूढ़ी दुनिया लगती है। मनुष्य अपनी पहचान की आँख ही खो बैठता है।

आदिम जीवन के कतिपय सशक्त रूप देवताले की कविता में आकर कविता को मांसल ऐंद्रियता देते हैं और प्रतीति का अनुभव अधिक गहरा हो

जाता है। सूर्य, धूप, बर्फ, नदी, पर्वत, पठार, बारिश, जंगल, रेत, पत्थर, मैदान, खेत, जमीन, कुत्ता, हाथी, घोड़े, भेड़, गाय, बैल, ऊँट, भेड़िया इत्यादि पशु, चिड़िया, तोता, कौआ, इत्यादि पक्षी, रक्त, नंगे बच्चे, घास, दूब, दरख्त, बरगद, पीपल कतिपय चित्रमय शब्द-संकेत काव्यानुभव को आदिम जीवन की चहल-पहल से जोड़े रखते हैं। नमक, शहद जैसी वस्तुओं के उल्लेख से भी यह आदिमता प्रतीतिकर होती है। (घोड़ा देवताले की कविता में विशेष रूप से बार-बार आता रहता है। देवताले की आदिम आवेगमयी वासना का मानो वह प्रतीक है)।

देवताले कभी काव्य का प्रातिम स्फुरण और सर्जनशील कवि के बीच के संबंधों को पूरे स्वप्न और जागरण की अवस्था के बीच प्रस्तुत करते हुए आदिम बिंबों की भाषा में विलक्षण सुन्दर कविता लिखते हैं–

"एक नदी न जाने कौन से अक्षांश
और देशान्तर पर
नींद की नयी सूरज की चट्टान से
टकरा गयी
और बजाले की एक पीली चमकदार
करंती में बैठी हुई वह
जैसे अपने ही भीतर उगे
सुर्खरंगी फूलों के पौधों को नोचती रही
पूरे अस्तित्व के शीशे पर उसके स्वर
बौछारों की तरह टकराते रहे
और हम धूप और छाया के
जंगलों में बहती
एक पानीहीन नदी में
गुमसुम नहाते रहे।"

देवताले की कविता में प्राकृतिक स्थितियों के संकेत इतनी प्रचुर मात्रा में आते हैं कि चिन्तनशील कवि का यह आदिम जीवनानुराग सुखद आश्चर्य उत्पन्न करता है। "पूरे चेहरे पर आँसुओं की शिनाख़्त को मिटाता हुआ स्निग्ध

और बारिश-नहाए जंगल का प्रसन्न मौसम'', ''नमक और शहद की आदिम अतृप्ति'', ''हाथों में आतुर टहनियाँ'', ''जाँघों में छटपटाती नावें'', ''जंगलों में झरनों का पता पूछती आवाज'' ऐसे अनगिनती बिंब कविता को शक्ति और आवेग देते हैं। यह देखिए काव्यात्म उत्कर्ष–

''तुम्हें भूल न जाना होगा समुद्र की मित्रता
और जाड़े के दिनों को
जिन्हें छल्ले की तरह उंगली में पहनकर
तुमने हवा और आकाश में उछाला था
पंखों में बसन्त को बाँधकर
उड़नेवाली चिड़िया को पहचानने से
मुकर जाना ही अच्छा होगा··· ।''

नफरत, घृणा, प्रेम, गुस्सा, आवेश, क्षोभ, जुगुप्सा, क्रूरता, हिंस्रता, करुणा, दया आदि भावों का चित्रण करते हुए देवताले प्रायः इन शब्दों का इस्तेमाल न कर इन भावों से उत्पन्न दर्शनीय हरकतों का चित्रण करते हैं (वैसे भारतीय साहित्यशास्त्र में भावों का प्रत्यक्ष उल्लेख रसोत्पत्ति के लिए निषिद्ध माना गया है) जिससे कविता आदिम ऐंद्रिय बोधों को जगाती हुई विलक्षण जीवन्त बन जाती है। कुछ उदाहरण–

- *''काले घोड़ों की नंगी पीठों पर*
  कोड़ों की फटकारें
  मुझे बरसात के बीचोंबीच ले जाती हैं
  जहाँ तुम सफेद नावों की प्रतीक्षा में केंचुए काटते रहते हो
  और तुम्हारी जीभ पर रेंगता रहता है मछलियों का स्वाद
  कुत्ता भोंक रहा है (''हड्डियों में छिपा ज्वर'')

- *मकड़ी के जाले में*
  अटकी हुई मक्खी की तरह मैं
  एक अँधेरा था पुरजोर
  और दरख्त कपड़े बदल रहे थे।''

(''मकड़ी के जाल में''–''हड्डियों में छिपा ज्वर'')

- *"ओठों पर नदी की जुम्बिश
आँखों में सीढ़ी दर सीढ़ी उतरता आकाश
पूरे चेहरे पर आँसुओं की शिनाख्त को मिटाता हुआ
स्निग्ध और बारिश-नहाए जंगल का प्रसन्न मौसम।"*

- *"पूरी शताब्दी के कंधों को लाँघती
नमक और शहद की आदिम अतृप्ति
हाथों में आतुर टहनियाँ
जाँघों में छटपटाती नावें।"*

- *"सिर्फ त्वचा और उंगलियाँ
और जंगलों में झरनों का पता पूछती आवाज
पर नवम्बर में लौटती आँखें
मेरी कविताएँ हैं
जिनमें समुद्र का नींद में बिदा हुआ
वह सब कुछ जाग जाता है अकस्मात।"*

- *"सिर्फ रेत की संगीतहीन दरदरी किरकिराहट
जो पानी के होंठ और मछली की आँख की कथा है"*

"नवम्बर में तैरती हुई आँखें" जो एक अत्यधिक प्रभावपूर्ण कविता बन सकती थी परंतु देवताले की उसे दुर्बोध रखने की कोशिश के कारण कुछ शक्तिहीन हो गयी, पुनः पुनः पढ़ने को बाध्य करती है—अर्थ को टोहने के लिए, परंतु सुखद आस्वाद प्राप्त होता है उपरोल्लिखित ताज़ा और मौलिक आदिम जीवन के बिंबों के कारण।

- *"इस थरथराते पुल के नीचे से गुज़रती हुई नाव कितनी चुप है"*
("सम्भव नहीं है") जैसा बिंब पाठक को विलक्षण झकझोरता है।

उसी तरह—

"और ऐसे उत्तर ढूँढ़ते जगता हूँ जिनके नाखून मेरी त्वचा को उधेड़ने लगते हैं ("संभव नहीं है", "हड्डियों में छिपा ज्वर।")

दीवारों पर खून से :

- *"खाली हाथ और भरे मन
रेत के ऊपर
आकाश के नीचे"।*

कुहरे की नदी में लेटे हुए ("रचना प्रक्रिया के पूर्व") वैसे पूरी रचना "रचना-प्रक्रिया" आदिम बिंबों से रूपायित है और ये बिंब प्रतीकात्मक भी हैं और अर्थविस्तार भी करते हैं। देवताले आदिम जीवन के बिंबों का या प्राकृतिक बिंबों का प्रतीकात्मक उपयोग करने का प्रयत्न लगातार करते रहते हैं जिसके कारण अर्थविस्तार के साथ अनुभव की गर्माहट भी सुरक्षित रहती है। इस प्रकार के अनगिनत उदाहरणों को उद्धृत करना असंभव है क्योंकि देवताले की काव्य भाषा का वह स्वभाव है। "बूढ़ी दुनिया" का केन्द्रीय भाव ही आदिम जीवन के संगीत का क्षण होता है। "एक नदी" की जीवन्तता भी आदिम बिंब के प्रयोजन में है। कुछ और उदाहरण--

- *"और धीरे-धीरे सारी दरारें
माँ के चेहरे में बदल गईं।"* ("खाकी इमारत का परदा")
- *"कोई भी औरत जिसकी नदी में
एक से ज्यादा नावें चलती हों
और जो आहिस्ता भी हँसे तो
भीतर की हड्डियाँ तड़कने लग जाएँ।"*
- *"सचमुच कितनी मजेदार होती वह
भाँग और गाँजे पर
चढ़ती हुई फफूँद की प्रतीक्षा"।*
- *"उनके हाथों पर निगरानी रखते हुए
अपने जंगल को अपनी आँखों से पहचानें
अनुवाद के घोड़ों पर बैठकर उन्हें जाने दें
दूतावासों का स्वर्ग देखने।"* ("अपने नर्क में शुरू करें")
- *जबड़े जो आदमी के मांस में
गड़ा देते हैं दाँत*

यदि उन पर चोट होती है कविता
तो मैं कविता का अहसानमंद हूँ।" ("कविता का अहसानमंद")

लकड़बग्घा हँस रहा है :

पूरी कविता "औरत" आदिम बिंबों के आयोजन से औरत की सनातन यातना एवं जीवन-अवस्था का प्रतिनिधित्व करती है। औरत के विभिन्न श्रमाकारों का चित्रमय संकेत कविता की प्रभावकारिता को बेहद बढ़ा देता है। कुछ महत्वपूर्ण उदाहरण–

- *"लोहे के दाँत दरख़्तों को कुतरते हुए*
  और जंगल-भर रुदन
  पक्षियों का।"
- *मटकों की त्वचा पर आँच की चमक है शेष*
  उड़ती हुई धूल के बीच
  चिड़ियों के बाद मटकों की देह में कितना आहट करता है ब्रसंत।"
- *"एक पत्थर का हाथी मेरे आगे।*
  एक पत्थर का शेर मेरे पीछे
  मैं मांस का धड़कता हुआ
  एक छोटा-सा फूल तपती हुई रेत पर।"
- *"पपीते के पेड़ की तरह मेरी पत्नी*
  मैं पिता हूँ दो चिड़ियों का
  जो चोंच में
  धान के कनके दबाए
  पपीते की गोद में बैठी हैं।"

रोशनी के मैदान की तरफ :

"षड्यंत्र" कविता का प्रारंभ प्राकृतिक (आदिम) बिंब मालिका के सधे उपयोग से होता है और पूरी कविता का रचाव इसी शैली में हुआ है। इस बिंबधर्मी भाषा का उत्कर्ष देखिए–

"रेत फैलती जा रही लगातार
और सपनों के नीचे ज्वलनशील परदों के बेहद पास
एक मोमबत्ती जल रही है दुश्मन की तरह तैनात।"

इसी के कंट्रास्ट में बेहद नज़ाकत से व्यक्त होता है एक भाव–

"पर एक शब्द उड़ रहा है चिड़िया बनकर इस वक्त
और होंठ बनकर दो तितलियाँ हँस रही हैं।"

देवताले का वैशिष्ट्य यह भी है कि वे जितने कोमल बिंब सूक्ष्म अदाकारी से बुनते हैं उतनी ही ताकत से भीषण और परुष बिंबों का भी आयोजन कर सकते हैं। "दोपहर मई" का जलती दोपहर का चित्र इस संदर्भ में देखा जा सकता है।

एक विलक्षण सुंदर बिंब देखिए जिसमें आदिम गंध महकती है–

"तुम्हारे भीतर
उस वक्त नावें चल रही थीं
और मैं शहद के छत्ते में
उलझता जा रहा था
पूरी पृथ्वी हमारे चतुर्दिक एक नादरहित लयकारी रच रही थी"

("हमारे बीच")

"उसके सपने" भी आदिम जीवन के ही हैं जिसमें गाय है और बच्चियाँ ताजा गुनगुना दूध पी रही हैं।

"निष्फल हुई कोशिश मेरी" की ताकत भी कंट्रास्ट के तत्व पर आधारित आदिम बिंबों में है–

"पूछता हूँ चाकू रखते हुए जैसे–बताओ
आँखें गड़ाता हूँ बुदबुदाते हुए–कुछ तो बताओ।"

इन हरकतों के विपरीत–

"और तुम बादल-काट बिखरी तेज धूप-सी हँसने लगती हो अचानक
मेरे जादू के तिलस्म को तोड़कर
जैसे कुछ भी नहीं हुआ।"

भूखण्ड तप रहा हैः

देवताले बहुत बार उस जमीन को सम्मोहित नज़रिए से स्मृति में आकार देते हुए दिखाई देते हैं जिसे अपनी इंद्रियों से मनुष्य भरपूर भोग चुका है।

"गरुड़ आकाश में उड़ रहे होंगे
आकाश पानी में घिर रहा होगा
और जंगली सूअर अपनी थूथनियों से खरीद रहे होंगे
धरती के भीतर गड़ी हुई संजीवनी
समय के उस विराट खोखल के भीतर
वे अपनी हथेली पर थूक कर
सूरज का इंतजार करते होंगे।"

जैटयान में बैठे त्रिभुवन का वह अतीत और आदिम के प्रति मोह है और हथेली पर थूक कर सूरज का इंतजार करने की हरकत को वही व्यक्ति याद करेगा जिसकी स्मृति में अतीत गंध का ऐंद्रिय बोध पक्का बना हुआ है।

त्रिभुवन रोमानी अनुभव को पुनःस्मृत करता हुआ कहता है—

"आग उसके भीतर थी सुलगती हुई कविता थी
वे अग्नि के बेटे थे
मैं उनका
हँसता है त्रिभुवन माँ को आटा पीसते देख।"

यह प्रेमावेग—

"उड़ता रहेगा असंभव प्रेम की तरह
जो एक दिन उसने चाहा था
दोनों की त्वचाओं के बीच हल्का भूकम्प था
उनकी धड़कनों के बीच से
वसंत में सुलगी हुई तितलियाँ उड़ रही थीं।"

आदिम मनुष्य और वैज्ञानिक औद्योगिक सभ्यता में मनुष्य के बीच के कंट्रास्ट को बार-बार वाणी देते हैं देवताले "भूखण्ड तप रहा है" में। एक आवेग जो आदिम जीवन की लय में था, देवताले की स्मृतियों में भी है। क्योंकि "वह हमेशा गड़े पत्थर/उचका कर देखना/और धरती की गंध/उसके नथुनों में दौड़ने लगती/वही गंध आज तक उसकी देह से लिपटी हुई है।"

आग हर चीज में बतायी गयी थी :

"आग हर चीज में बतायी गयी थी" संग्रह में उत्तरोत्तर भाषा की दृष्टि से अधिक सरलता की ओर देवताले उन्मुख होते दिखाई देते हैं। अब प्रतीकात्मक या लाक्षणिक ढंग से बोलने की वैसी आवश्यकता वे महसूस नहीं करते। छोटे-छोटे प्रसंगों के माध्यम से अपने आशय को व्यक्त करने का प्रयास करते हैं। यह सरलता परिपक्वता का परिणाम है—या काव्य-ऊर्जा के कुछ उतार का? कुछ सरल कविताओं में गजब की शक्ति दिखती है ("माँ पर नहीं लिख सकता कविता", "एक दिन क्षमा माँगनी होती है", "शाम को लगभग पाँच बजे", "स्त्री के साथ", "बिना किसी तानाशाह की तस्वीर के", "किसने काला कोट तय किया होगा?") कुल मिलाकर वक्रता, लाक्षणिकता के साथ बिंब-सृजन की ऊर्जा भी क्षीण है। कुछ अतीत की ओर झांकने की प्रवृत्ति तीव्र हुई है अतः स्मृति-बिंब प्रचुर हो गये हैं। कुछ कविताओं में वक्तव्य अधिक हावी हो गया लगता है।

"जीवन के स्वाद की स्मृतियों के साथ" अच्छी कविता अवश्य है परंतु कविता वह ऊँचाई नहीं पाती जो अन्य अच्छी कविताएँ पा चुकी हैं। कुछ सुंदर पंक्तियाँ—

> *"हर क्षण था दूधभरा*
> *मकई के ताज़े दाने की तरह*
> *ठण्डी गुनगुनी हो जाती थी*
> *रोटी की सोंधी महक को चूम*
> *शहद के छत्तों को देखती आँखें*
> *ब्रह्मांड में झरता सुनायी पड़ता है*
> *संगीत का झरना*
> *दिशाओं से हौले-हौले आती एक मनचाही आहट*
> *और पृथ्वी के भीतर थिरकने लगता देह का ब्रह्मांड।"*

असल में देवताले की समस्त कविता के संदर्भ में इन पंक्तियों को पढ़ा जाय तो लगता है देवताले कुछ पुनरुक्ति भी कर रहे हैं।

असल में हर कवि का अपना एक गन्तव्य स्थान होता है। वहाँ तक पहुँचकर

वह कुछ सूखने, मुरझाने लगता है। इस संदर्भ में इसी कविता की अंतिम पंक्तियाँ कुछ अधिक ही उदास करती हैं। ये पंक्तियाँ हैं–

"चीख में उजागर नहीं होता कुछ भी
फूल गुलाब के में छिपा जितना रहस्य
वह आकाश तक में नहीं अँट सकता
सिर्फ एक काँटा है अब वहाँ
सूखे पत्ते-सी आत्मा में अटका हुआ
और समय है दो मृत्युओं के बीच का
जिसके नेपथ्य में डूबता है ठण्डा सूरज रेत के समुद्र में
मुझसे विदा कहता हुआ।"

देवताले कविता से जो काम लेना चाहते थे वह और उम्र की आधी शती पार करने के बाद जो स्थितियाँ पायीं–के बीच के अन्तराल से लगता है कविता पर से उनका विश्वास उठ तो नहीं गया? "आग हर चीज में बतायी गयी थी" की अंतिम उसी शीर्षक की कविता की कुछ पंक्तियाँ इस बड़े कवि की नियति का संकेत तो नहीं कर रही हैं?–

"मैं अपने लिए जरूरी नहीं रहा
इससे बुरी बात और कौन-सी हो सकती थी
मेरी कविताओं पर फफूँद चढ़ने लगी
और सारे शब्द मुझे चिऊँटियों के ढेर की तरह दिखायी दिये
जबकि गँदले पानी का बड़ा रेला
उनको समेटने ही वाला था..."
...कोई भी नहीं सुन रहा है
और एक कवि आप तंग आकर
लावारिश आवाजों को ठूँसकर बोरे में भर रहा है
बिल्ली के बच्चों की तरह नदी पार छोड़ आने के लिए।"

यह तात्कालिक फेज़ भी हो सकती है। मेरी इच्छा है कि जिस बिंदु से देवताले ने शुरुआत की थी उसकी एक परिणति तक पहुँचने के बाद देवताले नयी दिशाओं का अनुसंधान करें–आखिर प्रतिभावान की अदम्य सृजनेच्छा

और ऊर्ध्वगामी आकांक्षा की ताकत को अस्वीकार कैसे किया जाये?

आस्था के स्वर :

वैसे आज के माहौल में आशा, आस्था और विश्वास के स्वर बुलन्द करना अतार्किक है और संवेदनशील कवियों का भाव-यंत्र परिवेश की लगातार मार से कुछ ऐसा बन गया है कि उसमें से अब अनास्था, निराशा और उदासी के स्वर ही निकलते हैं।

फिर भी देवताले की कविता से ये आस्था के स्वर प्रकट होते हैं। हो सकता है उनकी वाम-पंथ में निष्ठा ने ये स्वर जगाये रखे हों, हो सकता है मनुष्य की सृजन-शक्ति की संभावना पर नितांत विश्वास ने उन्हें पूर्णतः विनाश की नियति से कुछ अलग कर दिया हो या जनता की शक्ति का भरोसा भी उनको आशा के सपने देखने को बाध्य करता हो।

''नाटक'' (''रोशनी के मैदान की तरफ'') में एक मौत के कुएँ से बाहर आने का नाटक करनेवाले व्यक्ति का बाहर आकर गन्ना खाना जैसे कुछ हुआ ही न हो, आशा के स्वर का ही एक रूप है–

''और चिड़िया
अँधेरे के डिब्बे से
उड़कर
रोशनी के मैदान की तरफ
दूर कहीं जा रही थी।''

स्थितियाँ बदतर होती दीखती हैं परन्तु देवताले चरम निराशा का रास्ता नहीं अपनाते। जनशक्ति में यह आस्था उन्हें करने नहीं देती।

''भूखण्ड तप रहा है'' में बार-बार ध्वस्तता के बाद मंगल के सपने कवि देखता है। देखने की बाध्यता है–

''वह ढूँढ़ता है कल्पनाओं के आकाश में
उड़ते हुए सुनहरे गरुड़
और आ जाता है अपने आज में
जहाँ समय बेहद कातिल है

और बौना भी
और असंभव कुछ भी नहीं
भविष्य पर काबू पाना तो कतई नहीं
सिर्फ बिखरे हुए इरादे
पर यह भूख में लड़ाई का चुम्बक
इकट्ठा कर देगा
किसी भी दिन
तमाम असफल मुरादें।"

फिर भी सोयी स्त्री-शक्ति की संभावना से उत्प्रेरित होकर कहता है—

"आज वह बुदबुदाता है
उठो हिम्मत करो
और अपने करोड़ों हाथ रख दो बिजली के तार पर
चखकर देखो शब्द
गुदगुदा चेहरे और नाप और उम्मीदें
छिपकर रसती हैं इन्हीं में।"

देवताले का स्त्री-शक्ति पर (आदिम महाशक्ति) विलक्षण विश्वास है—रह-रहकर वह कहीं गहरे से प्रकट होता है—

"फिर भी झौंकती है वह फागुन खिड़की से
आकाश में
और हँसती हुई मेथी काटती है
त्रिभुवन इस तरह मत देखो चकित
पहचानो इस हँसी की ताकत
अँधेरे तक पहुँचो हँसी और मेथी की गंध लेकर
किस तरह कट रही है मेथी
ध्यान से देखो
त्रिभुवन ने सुना जैसे
पर कोई नहीं था
छाँह तक नहीं थी

सिर्फ वह थी
मेथी काटती हुई
और चाकू की चमक में हँसती हुई।''

''भूखण्ड तप रहा है'' के अंत में आशावादी स्वर अधिक गहरे हो जाते हैं–

''उतावले होने की जरूरत नहीं है फिलवक्त
दुष्प्राच्य नहीं होते हैं उत्तर कभी भी
इतिहास की कूबड़ अकारथ नहीं जाती
उसी में धड़क रहा है हमारे पुरखों का जीव और जन्म ले रही है
हमारे बच्चों की दुनिया
हजार तरीके से खार किया है हमने
पृथ्वी से
और स्त्री से
दोनों के भीतर हैं ब्रह्मांड की खुशियों के झरने
दौड़कर छू लेनेवाली आँखों से देखो
सब देखो
नीली गोरैया
नदी को देख रही है तिरछी नज़र से।''

लेकिन देवताले की कविता में आस्था के ये स्वर प्रायः कम हैं और उत्तरोत्तर क्षीण होते जाते हैं। देवताले जिस समय की धड़कन को अनुभव कर रहे हैं उसमें आस्था के लिए गुंजाइश नहीं है और प्रौढ़ मानसिकता में कवि उन स्वरों के प्रति आलोचनात्मक नज़रिया ही अपनाता है जो परिवेश में उठने से इंकार करते हैं अतः बौद्धिक समर्थन नहीं मिलता।

''इतनी हवा चिंघाड़ती हुई'' (''रोशनी के मैदान'') में यही आस्था आँधी के जोश में पैदा हुई दीखती है। इतने लोगों के भीतर भी छिपी होगी हकीकतन ऐसी ताकत।–भूखी कंगाल और श्रमिक जनता की मजबूरियों के बीच उनकी ''छिपी हुई ताकत'' का भान देवताले कराते हैं। कविता का पूरा आवेश और प्रतीकात्मक एवं लाक्षणिक वक्रता कविता को अखबारी होने से बचाती है।

''फिलवक्त'' (''लकड़बग्घा'') में वक्रता की भयावहता एवं दहशत का

चित्रण करते हुए कवि अंत में उम्मीद का स्वर छेड़ता है–

"पर एक गर्भवती औरत है सड़क पर
हँसती हुई
हवा में उसकी हँसी आतंक के खिलाफ
कितनी बड़ी राहत है
उसके गर्भ को हलचल धूप में यहाँ तमाम
कूहड़ चीजों के विरुद्ध कितनी बड़ी उम्मीद है इस वक्त।"

वैसे उम्मीद का स्वर कविता की तार्किक या भावनात्मक परिणति नहीं है। महज कवि का अतल में वास करनेवाला विश्वास है जो ध्वंस की जलप्लावनमय पृष्ठभूमि पर इमले की पत्ती की तरह तिर रहा है।

व्यामिश्रता :

व्यामिश्र अर्थवत्ता, अनुभव-संपदा, बिंब और प्रतीक-योजना, शब्द-संहति देवताले की कविता तथा काव्यभाषा का अंगभूत गुण है। पिछले विवेचन में अनेक स्थलों पर इसके संकेत किए जा चुके हैं। यहाँ केवल कुछ मौलिक विलक्षण परंतु असरदार उद्धरणों को दिया जा रहा है–

"सारी तरतीब को उलट-पुलट कर
अगले दोनों पैरों से खूदते मंसूबे
वह प्रकट में पिछली दोनों टाँगों को
पैण्ट में खोंसे मुस्करा रहा था।"
"लपलपाती जुबानें किस तरकीब के साथ
चापलूस की गद्दियों में अदृश्य हो रही थीं।"

वैसे "नाटक पैदा करने के बाद" पूरी कविता व्यामिश्र अनुभव की अभिव्यक्ति है। विशेषतः ये पंक्तियाँ–

"नाटक के भीतर अब हकीकत पैदा करके जीना संभव नहीं है।"

इसके कंट्रास्ट में–

"सोचते हुए हकीकत के भीतर
नाटक पैदा करने के बाद
अब उसे कौन-सा स्वाद चखना है।"

व्यामिश्रता का विलक्षण गहरा अनुभव देवताले की कविता ''एक आदमी'' (''लकड़बग्घा'') देती है जिसका विवेचित पीछे किया जा चुका है।

बिंबों का संगुम्फन ''काली लड़की'' जैसी सादी-सी कविता को समृद्धता का स्पर्श देता है।

इसके विपरीत भाव का यह व्यामिश्र चित्र देखिए–

''घड़ी विभाग के नये अध्यक्ष
चूहे का चेहरा टाँग कर अपने धड़ पर
टाई की गठन ठीक कर रहे हैं।''

भारत के लोकतंत्र में फैलते जा रहे छलछद्म की अनेक स्तरीय अभिव्यक्ति ''वे पाँचों और हम सब'' जैसी कविता में प्रभावकारी चित्र से होती है। यह और ऐसी कुछ कविताएँ पंचतंत्र की कहानी का टेकनीक लेकर अवतरित हुई हैं। (''बालम ककड़ी बेचनेवाली लड़कियाँ'', ''नया हरिश्चंद्र'')।

असल में जो कवि समाज और वैयक्तिक जीवन में भेद नहीं करता और जिसकी मानसिक अनुभूतियाँ नितांत अपनी कम होती हैं, उसके काव्यानुभव में वैयक्तिक और विविध स्तरीय पारिवेशिक संदर्भ घुलमिल कर व्यक्त होते हैं। देवताले की वैयक्तिक कविता भी पारिवारिक होती है, पारिवारिक कविता सामाजिक और आर्थिक संबंधों से जुड़ी होती है और सामाजिक कविता राजनैतिक वास्तविकता से आज की तारीख में तटस्थ हो ही नहीं पाती। इसीलिए अनेक स्तरों का संकेत करनेवाली अभिव्यक्ति व्यामिश्र बनने के लिए बाध्य है। देवताले की अभिव्यक्ति-भंगिमा भी आशा के अनुसार अनेकायामी व्यामिश्र बनती है।

कथन-भंगिमा :

यह बार-बार दिखाया जा चुका है कि देवताले की कविता, फिर वह सामाजिक को संबोधित हो या आत्म को, में वक्तव्य प्रमुख घटक होता है। इस वक्तव्य में लाक्षणिक वक्रता भरपूर होती है और प्रतीक-वैभव तथा बिंब-समृद्धि भी प्रचुर रूप में होती है। इसीलिए कविता में अनुभव के उत्तरोत्तर विकास के स्थान पर मनोवृत्ति का बयान और बाह्यस्थिति का संकेतगर्भ चित्र

होता है। परिवेश का चित्र प्रस्तुत करते समय या यथार्थ को वाणी देते समय कवियों के सामने एक संकट पैदा होता है। वह संकट यह कि उन्हें जो व्यक्त करना होता है उसमें से अधिकांश हिस्सा पाठक का परिचित इलाका होता है। ऐसी स्थिति में कवियों को अपनी विशिष्ट व्यक्तित्व की छाप दिखाने एवं मौलिकता प्रकट करने की लिए कथन-भंगिमा के नानाविध रूपों का प्रयोग करना पड़ता है। स्वाभाविक रूप में वक्रतापूर्ण कथन का भरपूर सहारा लेना पड़ता है। ''क्या कहा?'' यह तो ज्ञात होता ही है, अतः स्वाभाविक रूप में ''कैसे कहा'' को महत्व मिलता है और ऐसे में यथार्थ के आग्रही कवि भी मौलिकता और अप्रतिमता की सुरक्षा के लिए रूपवाद के शिकार अनजाने ही हो जाते हैं। देवताले की आरंभिक कविता इस प्रकार के दोष से नहीं बच पायी है। ''रेह्टारिक'' का प्रदर्शनीय प्रयोग प्रचुर है। धीरे-धीरे यह प्रवृत्ति समाप्त होती है। परंतु कभी वे काव्य के स्थान पर देवियों और सज्जनों को संबोधित कर हकीकत बताने में भी संकोच नहीं करते।

देवताले का महत्वपूर्ण वैशिष्ट्य यह है कि वे भाव की सीधी अभिव्यक्ति या भाव का उच्चारण बहुत कम करते हैं। उनके शारीर प्रकटीकरण का या कार्य-व्यापार का या हरकतों का प्रयोग प्रायः करते हैं। परिणामतः कविता मांसल ढंग से विकसित होकर प्रभावशाली बनती है। यह ठोस कृतिप्रवण भाषा किसी भी कवि की महत् भाषिक सर्जनात्मक क्षमता का परिणाम होती है।

स्वप्न, अमूर्त प्रतीक, फन्तासी का प्रचुर उपयोग देवताले ने किया है। इससे उनकी कविता में मनोवैज्ञानिक गहराई भी आयी है। ''स्वप्न'' (एक) में बाह्य वास्तविकता और आत्मा की असलियत के बीच के तिरोहित हुए अंतर को व्यक्त किया गया है तो ''स्वप्न'' (दो) में बाह्य वास्तविकता की भयावहता का आक्रमण कवि के मानस पर कैसे होता है और कवि धीरे-धीरे अपनी अस्मिता को ही कैसे तिरोहित होते देखता है, इसका प्रभावशाली वर्णन है। फन्तासी देवताले ने अनेक रूपों में प्रयुक्त की है। असल में उनके बिंब और प्रतीक फन्तासी में धुलकर प्रभविष्णु बन गये हैं। ''घोड़े का आलस्य'', ''षड्यंत्र'', ''बर्फ बेअसर'' ऐसी ही कविताएं हैं। कविता में मॉडर्न आर्ट की भाँति अमूर्तता में परिणत होनेवाली परंतु ठोस दृक् छवियाँ होती हैं– आकारहीन

चित्र-शैली—देखिए "मैं तय करता हूँ"।

देवताले सामान्य घटनाओं के काव्यात्म उपयोग से यथार्थ के भयावह रूप प्रस्तुत करने में समर्थ हैं और "लकड़बग्घा हँस रहा है" से लेकर "आग हर चीज में बतायी गयी थी" तक वे अनेक कविताओं में इस प्रणाली का उपयोग करते हैं। सामान्य वस्तु, घटना, व्यक्ति की हरकतों से राजनैतिक, सामाजिक जीवन की सच्चाइयों का दर्शन कराना देवताले की खास भंगिमा है।

देवताले का एक वैशिष्ट्य यह भी है कि लम्बे समय को, घटनाओं के जाल को, स्थितियों को और इन सब के परिवर्तनों को अपनी कविता में कैद कर सकते हैं। उदाहरण के लिए "माँ जब खाना परोसती थी" ("लकड़बग्घा") वैसे "माँ जब खाना परोसती थी" कविता में देवताले ने तीन पीढ़ियों के बदलते संबंधों का बड़ा प्रभावपूर्ण अंकन किया है। "औरत" में भारतीय नारियों की विविध दशाओं का सनातन करुणापूर्ण चित्र है। ("लकड़बग्घा") "एक लड़की", "महाबली क्षण" ऐसी ही कविताएँ हैं, "रोशनी के मैदान की तरफ" में "एक दिन", "हमारे बीच",—"आग हर चीज में बताई गयी थी" संग्रह में "प्रेम पिता का दिखाई नहीं देता", "तुम बैठे रहते वहाँ कोने में", "जनवरी में बारिश" इत्यादि स्मृतियों के सहारे संकेतपूर्ण प्रसंग-चित्रों से तो यह कार्य संपन्न होता ही है, शब्दों के संदर्भसूचक उपयोग से भी होता है।

देवताले एक चिन्तक कवि हैं और भावनात्मक वैचारिक असंगतियों, मध्यवर्गीय अपप्रवृत्तियों तथा उच्चवर्ग की हिंसक संस्कारहीनता पर टूट पड़ते समय इनकी भाषा में अद्‌भुत धार पैदा होती है (देखिए "बैठक", "हाट पावर नंगे बस्तर को कपड़े पहनाएगा", "मृत्यु मुआवजा आयोग अध्यक्ष का वक्तव्य", "महामहिम विदा" "बिना किसी तानाशाह की तस्वीर के", "युवा विधायक") भाषा लाक्षणिक रूप लेकर अधिक तीखी बनती है। देवताले का चिन्तन प्रतीकों, बिंबों या लाक्षणिक प्रयोगों में धुला हुआ होता है, इसलिए प्रभाव गहरा होता है।

बहुत बार देवताले की कविता में समग्र बयान के आवेशपूर्ण प्रस्तुतीकरण में अकविता की सरहद में घुसने की स्थितियाँ आती हैं परन्तु वचन-वक्रता की क्रीड़ा और संकलेतमयता एवं व्यंजना की गहराई उसका काव्यत्व सुरक्षित करती

है। वर्णन, बयान में ''कंट्रास्ट'' का प्रयोग भी यही कार्य करता है। अन्यथा कुछ कविताएँ निबंध जैसी लगतीं। कभी मनोलाग का रूप भी कविताएँ लेती हैं।

एक ओर वक्तव्य एवं भाषण-शैली का खुलकर उपयोग करनेवाले देवताले वक्तव्यों में और भाषणों में भी लाक्षणिक शब्द-योजना के साथ प्रयत्नपूर्वक सूचनाओं को हटाने का प्रयास करते हैं और जो सूचनाएँ पाठक से संप्रेषण में योगदान करती हैं, उन्हें भी मितव्ययता के नाम पर हटा देते हैं।

अंत में :

नौवें दशक में देवताले ने काव्य-यात्रा के लगभग तीस वर्ष पूरे किए। उनकी कविता ने पिछले तीस वर्षों के राजनैतिक इतिहास की विराट विडम्बना का हाल देखा और उसकी शवयात्रा का मुकम्मिल चित्र प्रस्तुत किया। यह चित्र प्रस्तुत करते समय वे कभी तटस्थ और निस्संग नहीं रहे। स्थितियों के जहर को उन्होंने पिया और यातनापूर्ण नज़रिए से उसे व्यक्त भी किया। सामाजिक और आर्थिक असंगतियों पर आक्रामक ढंगे से टूट पड़ते हुए कभी बौखलाहट के स्वर में तो कभी व्यंग्य में धारदार भाषा में उन्हें अभिव्यक्ति दी। देवताले की कविता ने अपनी अलग काट की अनुभूति के लिए मौलिक भाषा प्रयोग से हिंदी कविता का मुहावरा समृद्ध किया है। देवताले की कविता समावेशी कवि की कविता है जिसमें वैयक्तिक और सामाजिक, यथार्थवादी और रोमानवादी, व्यक्तिगत और सार्वजनीन, परंपरा और नवीनता, कोमल और दारुण, सुखद और भयावह, सुंदर और शक्तिशाली, विचार और भावना, मनोवृत्ति और संवेदना, वस्तुपरकता और कल्पना, आशयनिष्ठा और रूपाग्रह इत्यादि भेद संश्लेषित होकर वृहत्तर अनुभव-बिंब में परिणत होते हैं। इसलिए देवताले महाकाव्यीय अनुभव के कवि हैं। देवताले की कविता ने समसामयिक यथार्थ को समग्रता में अभिव्यक्ति देने का प्रयास किया परंतु उनकी अपनी कविता अनुभव-संपदा की उत्कटता, मौलिकता, विविध आयामी अनेकांगिता, मांसलता और मूर्तता के कारण समसामयिक काव्य में व्यक्तित्ववान भी है। देवताले की कविता खास उनकी अपनी कविता भी है जो अलग से पहचानी जा सकती है। देवताले की कविता आद्योपान्त भारतीय मिट्टी की कविता

है। इसमें देवताले की व्यक्तित्ववान भाषिक क्षमता ने प्रचुर योगदान किया है। हिंदी में धूमिल के बाद आविष्ट करनेवाली समर्थ भाषा देवताले की ही है। कभी कविता से सांस्कृतिक क्रांति का कार्य लेने की अतिरेकी आकांक्षा देवताले पर हावी होती है और वे सत्य और तथ्य को निर्मम रूप से प्रस्तुत करते हैं। उत्साह और आवेश में वक्तव्य और बयानबाजी पर भी उतरते हैं परन्तु कुल काव्यानुभव की आशयगत विराटता और वैविध्य देखते हुए भाषा की समृद्धि को मद्‌दे नज़र रखते हुए ऐसे प्रसंग काव्य की सरहद से बाहर जाने से बच जाते हैं। देवताले एक गृहस्थ कवि के रूप में भारतीय परंपरा में आते हैं परन्तु उनकी कविता की समृद्धि को देखते हुए भारतीय काव्य-परंपरा के, मिथकीय समृद्ध काव्यानुभव के जो अर्जित संस्कार महत्वपूर्ण महान कवि पर दीखने चाहिए, उनका बहुत क्षीण रूप देवताले की कविता में दीखता है। पिछले तीस वर्षों की हिंदी की सशक्त और सौंदर्यशाली कविता में देवताले की कविता शीर्षस्थ कवियों की श्रेणी में अपने अधिकार से समाविष्ट होती है।

●●